毛泽东同志的崇高精神风范
永远是激励我们继续前进的强大动力

全国“中华魂”主题教育活动用书
中国关心下一代工作委员会组织编写

毛泽东故事

吴德刚 主编

人民出版社

责任编辑：于宏雷
封面设计：石笑梦
封面摄影：石少华
责任校对：余　佳

图书在版编目(CIP)数据

毛泽东故事/吴德刚 主编. —北京:人民出版社,2024.3(2024.7 重印)
ISBN 978-7-01-026344-1

Ⅰ.①毛…　Ⅱ.①吴…　Ⅲ.①毛泽东(1893-1976)-生平事迹
Ⅳ.①A752

中国国家版本馆 CIP 数据核字(2024)第 023578 号

毛泽东故事
MAOZEDONG GUSHI

吴德刚　主编

人民出版社 出版发行
(100706　北京市东城区隆福寺街 99 号)

河北东方欲晓印务有限公司印刷　新华书店经销

2024 年 3 月第 1 版　2024 年 7 月北京第 2 次印刷
开本:880 毫米×1230 毫米 1/32　印张:4
字数:100 千字

ISBN 978-7-01-026344-1　定价:8.50 元

邮购地址 100706　北京市东城区隆福寺街 99 号
人民东方图书销售中心　电话 (010)65250042　65289539

中国关心下一代工作委员会
组 织 编 写

顾　问：顾秀莲

主　编：吴德刚

副主编：任贵祥、陈江旗

编　委：（以姓氏笔画为序）

王　颖　王为衡　王林育　王香平　王婧倩
文世芳　吕　臻　刘　颖　刘学礼　许　森
李树泉　吴尹浩　汪建新　张东明　陈　夕
陈士榘　武际良　胡志鹏　钟　波　宫　力
姚　丞　袁福生　曹春荣　熊华源　薛庆超

编写专家

熊华源　中央党史和文献研究院研究员
王香平　中央党史和文献研究院第一研究部副主任
王　颖　中央党史和文献研究院第二研究部编审
王林育　中央党史和文献研究院第七研究部研究员
李树泉　中央党史和文献研究院第七研究部研究员
吕　臻　中央党史和文献研究院第二研究部副研究员
张东明　中央党史和文献研究院第七研究部副研究员
钟　波　中央党史和文献研究院第二研究部助理研究员
刘　颖　中央党史和文献研究院第七研究部助理研究员
王婧倩　中央党史和文献研究院科研规划部编辑
王为衡　原中央文献研究室编辑
薛庆超　原中央党史研究室副研究员
刘学礼　原中央党史研究室副研究员
文世芳　原中央党史研究室副研究员
陈士榘　新中国成立后任工程兵司令员兼特种工程指挥部司令员、政治委员、中共中央军委顾问
袁福生　新中国成立后任武汉军区炮兵政治委员，工程兵特种工程指挥部后勤部政治委员
宫　力　中央党校国际战略研究所原所长
许　森　国防大学科研部编研部部长
汪建新　中国井冈山干部学院副院长、教授
武际良　中国国际友人研究会常务理事
曹春荣　中共瑞金市委党史办公室原副主任
吴尹浩　北方民族大学讲师

目　录

序　言

学习毛泽东的崇高精神风范

毛泽东同志是伟大的马克思主义者，伟大的无产阶级革命家、战略家、理论家，是马克思主义中国化的伟大开拓者、中国社会主义现代化建设事业的伟大奠基者，是近代以来中国伟大的爱国者和民族英雄，是党的第一代中央领导集体的核心，是领导中国人民彻底改变自己命运和国家面貌的一代伟人，是为世界被压迫民族的解放和人类进步事业作出重大贡献的伟大国际主义者。毛泽东同志是从近代以来带领中国人民抵御外敌入侵、为反抗民族压迫和阶级压迫进行长期艰苦卓绝斗争的伟大领袖，是走在中华民族和世界进步潮流前列的伟大人物。毛泽东为了中华民族的伟大复兴，鞠躬尽瘁，死而后已。习近平总书记指出："毛泽东同志的崇高精神风范永远是激励我们继续前进的强大动力。"

2023 年是毛泽东同志诞辰 130 周年，为了让广大读者特别是青年学生，更好地了解中国共产党的历史，学习毛泽东的崇高精神风范，中国关工委联系中央党史和文献研究院有关专家、学者，共同选编了《毛泽东故事》，旨在通过讲述毛泽东的故事，引导广大读者进一步了解毛泽东为中华民族伟大复兴和民族的解放所付出的巨大艰辛，了解红色江山和共和国的来之不易，了解无数革命先辈用鲜血和汗水乃至生命为之奋斗的艰难历程，进而从一个个生动的故事中，领略和学习毛泽东等老一辈无产阶级革命家的崇高品格和精神风范，继承党的优良传统，坚决听党话、跟党走，努力成为中国特色社会主义的合格建设者和可靠接班人。

中国关心下一代工作委员会倡导开展的全国“中华魂”主题教育活动已进入第三十年。相信此届以《毛泽东故事》为主题的读书教育及相关活动，必将把全国“中华魂”主题教育活动提高到一个新水平。

顾秀莲

2023年12月26日

一、崇高理想　为民情怀

《共产党宣言》伴随终生

《共产党宣言》的问世是马克思主义诞生的标志，也是毛泽东成为马克思主义者的启蒙著作。这部号称“马克思主义的小百科全书”陪伴了毛泽东一生。

毛泽东早在 1920 年就接触到《共产党宣言》。1919 年 12 月，为领导湖南社会各界驱逐军阀张敬尧的斗争，毛泽东第二次来到北京，正是这次北京之行，使他完成了向马克思主义者的转变。1920 年 1 月 4 日，毛泽东的老师黎锦熙来看他时，发现他办公桌上放着《国民》杂志，这本杂志载有《共产党宣言》的前半部分，毛泽东为《共产党宣言》的内容和精神所震撼，推荐黎锦熙也读一读。1920 年 5 月毛泽东第二次上海之行期间，读了由陈望道翻译的《共产党宣言》单行本。对这段时期的经历，毛泽东在 1936 年会见美国记者埃德加·斯诺时谈了自己思想上的变化：“有三本书特别深刻地铭记在我的心中，使我树立起对马克思主义的信仰。我接受马克思主义，认为它是对历史的正确解释，以后，我对马克思主义的信仰就没有动摇过。这三本书是：陈望道译的《共产党宣言》，这是用中文出版的第一本马克思主义的书，考茨基著的《阶级斗争》，以及柯卡普著的《社会主义史》。到了1920年夏，我已经在理论上和在某种程度的行动上，成为一个马克思主义者，而且从此我也自认为是一个马克思主义者了。”后来，毛泽东又说，正是看了《共产党宣言》等著作后，“我才知道人类自有史以来就有阶级斗争，阶级斗争是社会发展的原动力，初步地得到认识问题的方法。”

自此以后，毛泽东与《共产党宣言》结下了不解之缘，对它爱不释手，不仅自己读，还号召全党读，在革命战争时期和新中国成立后，在全党学习马列主义理论活动时，毛泽东都将《共产党宣言》列入其中。如1958年、1963年和1970年三次全党学习马列著作活动时，他开列书单的首篇都是《共产党宣言》。

毛泽东不仅研读中文版《共产党宣言》，还学习英文版的《共产党宣言》。1954年秋，已经61岁的毛泽东竟然又开始学起英语，而他学的马列主义经典著作的英文本，第一本选的就是《共产党宣言》。这本书的文字比较艰深，而且生字比较多，学起来当然有不少困难，但他从《共产党宣言》第一页到最后一页，全部都密密麻麻地用蝇头小字注得很整齐、很仔细。这部英文版的《共产党宣言》一直陪伴他到晚年。毛泽东每读一遍，就补注一次。毛泽东说：“我活一天就要学习一天，尽可能多学一点，不然，见马克思的时候怎么办?”1976年9月9日毛泽东逝世之时，他身边就放着两本革命战争年代版的《共产党宣言》。

（作者：李树泉，中央党史和文献研究院第七研究部研究员，本文以《〈共产党宣言〉伴随毛泽东一生》为题，发表于《人民日报》2016年8月23日。本书收录时有改动）

毛泽东最喜欢的称谓

1921年，党的一大党纲规定："凡承认本党党纲和政策，并愿成为忠实的党员者，经党员一人介绍，不分性别，不分国籍，均可接收为党员，成为我们的同志。"从此，"同志"一词成为党组织成员之间的主要称谓，同志关系成为党组织成员的基本关系。

我们党历来要求保持健康的党内同志关系，这是开展党内政治生活的基础，是开展正确的批评和自我批评的重要前提，也是我们党的优良传统。从八七会议到遵义会议，到延安整风，再到七千人大会，健康的党内同志关系在重大历史关头始终发挥着重要作用，有力促进了党的团结统一和党的事业的不断发展。从称呼上看，党的领袖们一再表示，党内不要以职务相称，最好用"同志"称呼。毛泽东曾表示他最喜欢别人称他为"毛泽东同志"。邓小平针对"小平同志"的称呼专门批示指出，"头一次看到这样的称呼，我很喜欢"。从组织生活上看，党的领袖们经常以普通党员身份参加党内活动。抗战时期，朱德身为八路军的总司令，带头参加组织生活。一次党小组未通知朱德参加，朱德找到党小组组长强调："在我们党内，每个人都是普通党员，党内不能有特殊党员。以后，这样的会议都要通知我参加。"周恩来曾一而再、再而三地提醒身边工作人员："你们不要只记得我是总理，还要知道我是一个普通的共产党员，一个普通的劳动者。"有一次，他还具体地说："在国务活动时我是政府总理，在党内活动时我是一个普通党员，在群众中活动时我是一个普通的劳动者。"

党的十八大以来中央查处的许多案例"拔出萝卜带出泥"，反映一些领导干部腐化堕落、违法乱纪现象背后，都呈现出各种不健康的党内同志关系。有的盛行庸俗关系学，拉拉扯扯、吹吹拍拍；有的把同志关系搞成"交易关系"；有的以江湖义气代替同志友谊；有的上级对下级颐指气使，下级对上级阿谀奉承，无原则服从，置党和人民利益于不顾，给国家造成巨大损失，教训极其深刻。新时代，以政治建设为统领坚定不移推进全面从严治党、巩固发展反腐败斗争压倒性胜利，要求全党同志要不断强化党的意识，牢记第一身份是共产党员，第一职责是为党工作，用严格的党内政治生活营造清清爽爽的同志关系、规规矩矩的上下级关系，以健康的党内政治文化抵制拉拉扯扯、吹吹拍拍等歪风邪气，真正让党内关系正常化、纯洁化，凝聚起齐心协力干事创业的强大正能量。

（作者：张东明，中央党史和文献研究院第七研究部副研究员，本文以《"毛泽东同志"：毛泽东最喜欢的称谓》为题，发表于《学习时报》2019 年 2 月 22 日。本书收录时略有删节）

毛泽东治水的人民情怀

毛泽东的人民情怀和科学精神，在治水一事上有非常丰富且具体的体现。无论是革命战争年代还是新中国成立以后，他始终把治水置于为人民服务、向人民负责的高度，依靠人民群众，积极除水害、兴水利，以发展经济、改善人民生活。在水利建设上，他一再强调要把革命热情和科学态度结合起来，注重调查研究，根据情况变化适时调整规划设计；凡事要多方面考虑，留有余地，做到有利无弊。他还亲身参加治水调研和水利建设实践，为各级干部树立了榜样。

中国国土上有众多的大江大河及其密如蛛网的支流小溪，它们滋润着中华大地，养育着中华儿女。然而，当它们越界而行、奔腾咆哮时，或者因干旱而枯竭时，又往往给人们造成巨大灾难。因此，积极治水、兴利除弊，就成了历代治国理政者的心结。

在旧社会，由于社会制度不合理，生产力水平低下，更由于统治阶级不管民众死活，甚至破坏江流河道以抵御敌人，故而水利不兴、水害频仍。这样的恶果也留给了新生的中华人民共和国。1949 年，全国各地灾害严重，旱、冻、水、疫等多种灾害相继发生，尤以水灾最为严重。全国被淹耕地约 1 亿亩，减产粮食 120 亿斤，灾民约 4000 万人，灾区遍及华东、华北、中南、东北各大区。据不完全统计，仅安徽凤阳一地，被淹地就有 15 万亩左右。

洪水肆虐造成广大群众生命财产巨大损失。毛泽东与人民休戚与共，决心尽快治水、化水害为水利，解民忧、纾民困。

凤阳为淮河流经之地。1950 年七八月间，淮河流域发生了重大洪涝灾害。河南、安徽两省共有 1300 多万人受灾，4000 余万亩土地被淹。

7 月 20 日，毛泽东在看到华东防汛总指挥部 7 月 18 日关于河南、安徽两省灾情报告后批示周恩来："除目前防救外，须考虑根治办法，现在开始准备，秋起即组织大规模导淮工程，期以一年完成导淮，免去明年水患。请邀集有关人员讨论（一）目前救灾、（二）根本导淮两问题"。

8 月 1 日，华东军政委员会致电中央称："今年水灾为百年来所未有……其中不少是全村淹没。由于水势凶猛，来不及逃走的人或攀树上失足坠水（有的树上被毒蛇咬死），或船小浪大，翻船而死……"毛泽东看到这份电报时，不禁潸然泪下。为根除淮河水患，毛泽东于 8 月 5 日、8 月 31 日、9 月 21 日，连作三个批示，督促尽早开工治淮。次年又为治淮工程题词：一定要把淮河修好。为民之急切，溢于言表。

8 月 5 日，毛泽东阅曾希圣等于 8 月 1 日就皖北灾情报告及生产救灾工作意见致中共中央华东局等转中央的电报后，批送周恩来："请令水利部限日作导淮计划，送我一阅。此计划 8 月份务须作好，由政务院通过，秋初即开始动工。"

8月31日，毛泽东阅华东军政委员会8月28日转报的苏北区党委对治淮意见的电报后，批示周恩来请注意有关改变苏北工作计划问题，“导淮必苏、皖、豫三省同时动手，三省党委的工作计划，均须以此为中心，并早日告诉他们”。

9月21日，为督促治淮工程早日开工，批示：“周（恩来）：现已九月底，治淮开工期不宜久延，请督促早日勘测，早日做好计划，早日开工。”

三个批示逐一强调治淮要赶早，要环环紧扣，要三地联动。此时还是开国之初，恢复国民经济和社会秩序任务繁重，又有抗美援朝重大战事，但他为治淮之事一再提出、一再催促，足见其人民情怀。

与治淮相类似的还有治黄。“黄河既是养育中华民族的摇篮，又是旧中国连年征战、滥砍滥伐上游树木造成的一条危害人民的害河。历史上黄河决口不知有多少次，给人民群众的生命财产不知造成多大的危害”。这是1952年10月底毛泽东到郑州来到黄河岸边时对陪同的河南省委、郑州市委负责人说的一番话。他说：“现在（黄河）到了我们手里，一定要治服它，决不能再让它出乱子，要确保黄河的安全，确保黄河铁桥的安全。你们要把黄河的事情办好，不然，我是睡不好觉的。”此前，毛泽东在开封视察时，同中共河南省委负责人就河南工作和治理黄河问题交换意见，就强调过“要把黄河的事情办好”。离开开封去郑州前，毛泽东对河南省委、省军区、黄河水利委员会负责人再次强调：“要把黄河的事情办好。”他还特别指出，黄河故道穿徐州城而过，威胁人民的安全，要徐州市委、市政府及时采取措施，变灾为利。

几千年来，以农业为本的中国人民，同水的关系十分密切。

如何避水害、兴水利，是检验真为民还是假为民的试金石。毛泽东带领中国共产党人，秉持自己的初心与使命，无论是在革命战争年代，还是新中国成立以后，始终心心念念系于治水。与人民群众一道，把革命热情与科学态度结合起来，群策群力，艰苦奋斗，克服了种种思想障碍和物质困难，战胜了数不清的艰难险阻，创造出一个个人间奇迹。

（作者：曹春荣，中共瑞金市委党史办公室原副主任，本文节选自《毛泽东治水的人民情怀与科学精神》，《百年潮》2022年第1期。本书收录时有改动）

从一封慰勉电看毛主席的爱兵情怀

在中国人民解放军第二十集团军某旅军史馆内，我看到毛泽东主席当年亲笔写给中国人民志愿军第九兵团及二十军全体战斗员的慰勉电。电报原文如下：

宋时轮、陶勇及二十军全体战斗员：

看到东线战斗的报告，我的心情也极度的沉重，东线伤亡×万多人，其中冻死冻伤就有×万多人，教训惨痛啊！大伤了我们的元气。

九兵团久居江南，一切战备训练都是解放台湾，现在却来到风雪连天的高寒地区去打仗，几乎没有任何准备。另外，朝鲜军情十分紧急，部队在开往东北的火车上才得到通知入朝，没来得及换冬装就直接渡过鸭绿江。志愿军九兵团将士始终在作战中保持了大无畏的英雄气概，显示了超出世界上任何一支军队的勇敢精神和战斗力，二次战役东线战斗的胜利，是我们把美帝国主义侵略军从鸭绿江边打退到三八线上，保障了朝鲜人民的生存，保障了祖国的安全。战斗的胜利，说明我们是不可欺负的，侵略者的进攻是可以击退的。

二十军这次入朝作战，打得比较艰苦，战役结束之后，可以到咸兴五老里为中心进行休整，那里比较暖和。

毛泽东

庚寅隆冬于京

电报的背景：具有奠基意义的第二次战役

毛主席在电报中说的东线战斗是指 1950 年 11 月至 12 月间，中国人民志愿军在朝鲜战场的东线和西线同时发起的第二次战役。

东线战场在朝鲜长津湖地区，当时正值百年不遇的极度严寒，气温达到零下 40 摄氏度，山上裸露的岩石都冻裂了。隐蔽集结在盖马高原密林中的志愿军第九兵团二十军、二十七军，在漫天大雪中突然发起反击，一夜之间将美第十军斩成数段，分割包围。其中第二十军第五十八师顶风冒雪，连续行军 7 天，于 28 日凌晨 3 时插到上坪里地区，围三阙一，将美军陆战第一师师部和第一团两个营、第五团一个营和一个坦克营共 1 万余人三面包围在下碣隅里。

战场上被分割包围，就意味着可能被分别歼灭。

美军陆战第一师师长史密斯决定向南突击，打开下碣隅里与 11 英里外古土里被困部队的通道。而顶部不足半个足球场大的小高岭虽无关隘之险，但它死死抵住南去古土里的公路，俯瞰十里，卡口制路。

11月28日晚，志愿军五十八师一七二团把坚守小高岭的任务交给三连。三连连长名叫杨根思。两个月前，杨根思作为“华东一级战斗英雄”在北京出席了第一次全国战斗英雄和劳动模范代表大会，受到毛主席等中央领导人的接见。而此时他却站在朝鲜环境险恶的小高岭上，面对着在飞机、大炮支援下成群涌来的美国海军陆战第一师。

美国海军陆战第一师已有175年历史，据说曾四次出国作战，从没吃过败仗。

仁川登陆前，美国合众社记者米勒就在他的电讯中吹嘘这个师，说：“他们的训练是派遣到这里来的军队中最坚韧的……如果共军能打败这一伙人，那么他们就已经赢得朝鲜的战争，甚至也许是全世界的战争，因为这一伙人是我们军队中最精锐的和最优秀的。这些海军陆战队承认他们也许有一天会被打败——是的，如果那一天太阳从西边出来的话。”

他们根本没把那些穿着破胶鞋，拿着轻武器，被冻得哆哆嗦嗦的中国军队放在眼里。正如毛主席在电报中所说的，九兵团一直驻守在江南，因为朝鲜战事紧张，不少部队根本没来得及换冬装就直接赴朝作战。因此，志愿军将士是穿着薄夹衣、胶底鞋，戴着硬邦邦的大檐帽，与武装到牙齿的美军作战。

美陆战队认为黄种人中最有战斗力的是日本军队。而日本军队在太平洋的瓜达尔卡纳尔岛、贝里琉岛、冲绳岛，曾被他们打得丢盔弃甲，逐个围歼。因此，他们狂妄地宣称在亚洲，在朝鲜，没有谁能阻挡陆战第一师前进的步伐。

然而，长津湖不是太平洋，小高岭也不是冲绳岛，志愿军更不是日本兵。他们很快就将领教这支经历土地革命战争、抗日战争和解放战争战火淬炼的中国军队。

在这场战役中，杨根思率全连战至最后一个人，他自己抱起最后一个炸药包冲入敌群，与敌同归于尽。杨根思粉身碎骨，精忠报国，什么都没留下，哪怕一块残骸，一片衣衫。但他以大无畏的革命英雄主义气概，践行了毛主席倡导的顽强战斗作风："这个军队具有一往无前的精神，它要压倒一切敌人，而绝不被敌人所屈服，不论在任何艰难困苦的场合，只要还有一个人，这个人就要继续战斗下去。"因而，他也第一个赢得了中国人民志愿军的最高荣誉。志愿军总部为他追记特等功，授予他"中国人民志愿军特级英雄"称号；朝鲜民主主义人民共和国最高人民会议常务会议授予他"朝鲜民主主义人民共和国英雄"称号和一级国旗勋章、金星奖章各一枚。

经第二次战役，中国人民志愿军迫使美军全线溃退至"三八线"以南地区。毛主席在电报中表扬"九兵团将士始终在作战中保持了大无畏的英雄气概，显示了超出世界上任何一支军队的勇敢精神和战斗力，二次战役东线战斗的胜利，是我们把美帝国主义侵略军从鸭绿江边打退到三八线上，保障了朝鲜人民的生存，保障了祖国的安全。战斗的胜利，说明我们是不可欺负的，侵略者的进攻是可以击退的"。以杨根思为代表的前线将士的英勇令中国人自豪。

对战士的伤亡，
毛主席心情极度的沉重

正如毛主席电报中讲的，在第二次战役中，因为军情紧急，

没能充分准备，部队没有来得及换冬装就直接入朝投入战斗，除战斗牺牲，还造成部队冻死冻伤的重大伤亡。毛主席在电报中，掩不住内心的伤感甚至内疚，他说“我的心情也极度的沉重”“大伤了我们的元气”。毛泽东没有责备任何人，他说“教训惨痛啊！”从语气中似也看出，毛主席对志愿军各级领导和各级指挥员的理解和体谅，毕竟战争刚刚打响，他作为最高统帅承揽其中的责任，用自己的自责宽慰各级指挥员在前线轻装指挥。对于战士的伤亡毛主席的悲伤是自然的流露，特别是最后一句话“战役结束之后，可以到咸兴五老里为中心进行休整，那里比较暖和。”如父亲对子女的疼爱，舐犊之情溢满字里行间。

在战争年代，毛主席撰写、签发的电报、文稿难以胜数，有的气势磅礴，舍我其谁；有的运筹帷幄，决胜千里之外；有的气贯长虹，酣畅淋漓；有的乘胜追击，如痛击落水之犬。如井冈山革命处于低潮时，他撰写了《星星之火，可以燎原》；抗日战争处于最艰苦的相持阶段时，他写下了著名的《论持久战》……在《我三十万大军胜利南渡长江》电文中写道：“我军摧枯拉朽，敌军纷纷溃退。我军万船齐发，直取对岸……”气度恢宏，激情洋溢，笔锋所指，如排山倒海……体现了毛泽东的气魄、胆识和军事家的高瞻远瞩、指挥若定。但这封慰勉电的拳拳温情却较少见到。毛主席作为一位伟人对麾下的战士，有高度负责之情，前方将士的牺牲令他寝食不安。他也是从战争年代走过来的带兵人，对前线部队的衣食住行殷殷关爱，他让战士到暖和的地方好好休整。他一生不变的平民情怀，总能触动我们内心最柔情的地方。

普通战士、群众，在毛主席心中占的分量很重很重

毛主席一生中给许多为国捐躯的仁人志士、前方将士、爱国友人甚至平民百姓写过挽联悼词和唁电祭文，为烈士英模题词勉励，甚至亲自参加追悼会。如为刘胡兰题词“生的伟大，死的光荣”；为雷锋题词“向雷锋同志学习”。为刘志丹、谢子长、彭雪枫、左权、马本斋、关向应、王若飞等撰写挽联、题词悼念。

张思德牺牲后，毛泽东亲自提议为其开追悼会，亲自写挽联，亲自出席追悼会。1944 年 9 月 5 日，中央警备团战士张思德在山中烧木炭，因下雨炭窑崩塌而牺牲。毛主席得知这个消息，十分痛心并批评有关领导，“打仗死人是没有办法的事，搞生产死人是不应该的。”他又就张思德的遗体问题做出安排，“要派人放哨看好啦，山中狼多，要是被狼吃了，你这个队长就当不成了。”

毛泽东亲自提议为其开追悼会，亲自写挽联“向为人民利益而牺牲的张思德同志致敬”。这也是我党成立以来第一次为一个士兵召开如此规格的追悼会，毛泽东亲自出席张思德的追悼会，在会上动情地致了悼词，他用“为人民服务”概括了张思德平凡而又伟大的一生。新中国成立后，这个演讲以《为人民服务》为题收入《毛泽东选集》。

张思德、雷锋的事迹事例单独拿出来都不是惊天动地的大事，谁想做都能做得来。“一滴水见太阳”，老百姓通过张思德

认识了共产党八路军是啥、要干啥。干部战士通过张思德懂得了如何做人、如何做事。

毛泽东正是通过这些普通战士、普通人的平凡事迹，反复强调一个道理：共产党创业的全部目的是为人民服务，每个共产党人都要当好人民的“勤务员”。

是领袖，有普世的胸怀；是父亲，也有舐犊之爱

再回到抗美援朝战场。毛岸英是毛泽东的儿子，牺牲时才28岁，却经历了常人所未有的人生磨难。他8岁就和母亲一起被捕入狱。母亲就义后，他带着年幼的弟弟四处流浪、沿途乞讨……

1950年10月，结婚不到一年的毛岸英参加中国人民志愿军。中国人民志愿军司令员兼政委彭德怀感动地说：“国难当头，挺身而出，不是每个人都能做到的，但毛岸英做到了。”11月25日，毛岸英在志愿军指挥部被美军投掷的汽油弹烧死。

连同毛岸英，毛泽东已有六位亲人为中国革命事业献出了宝贵的生命。而失子之痛，难以言表。毛岸英之死，无疑是毛泽东最为哀伤的。但他强忍内心巨大悲痛，以一个伟人的博大胸怀宽慰彭德怀说：“打仗总是要死人的嘛！中国人民志愿军已经献出了那么多指战员的生命，他们的牺牲是光荣的。岸英是一个普通的战士，不要因为是我的儿子，就当成一件大事。”

毛泽东是领袖，有普世胸怀，可他毕竟也是父亲，有舐犊之爱。

1958年10月29日，毛泽东和周恩来、朱德、彭真、陈毅等中央领导在怀仁堂后花园草坪上，接见最后一批撤离朝鲜的志愿军代表，毛泽东握着志愿军司令员杨勇的手问：“都回来了吗?”

杨勇报告：“人民志愿军全部回到祖国!”

毛泽东欣慰地点点头：“好，回来了好哇，热烈欢迎你们!”

然而，作为父亲的毛泽东内心一定有所触动。都回来了，可是他的岸英没有回来!

1953年4月的一天，毛泽东在中南海怀仁堂接见出席中国妇女第二次全国代表大会的代表时，握着黄继光母亲邓芳芝的手说：“你牺牲了一个儿子，我也牺牲了一个儿子。”言下之意，中国人民为世界和平的付出是巨大的。邓芳芝一时说不出话来，她不知道自己面对的不只是一个伟人，还是一个志愿军烈士的父亲。但这位英雄母亲从毛泽东的眼神里，看到了自己熟悉的悲伤。他们有共同的悲伤，他们也分享着共同的骄傲。毛泽东先后于1953年、1955年和1960年三次接见过黄继光的母亲。

毛岸英、黄继光，一个是领袖的长子，一个是农民的后代；一个是第一个报名参加抗美援朝的志愿军军官，一个是获得中朝两国最高荣誉的志愿军战士。但他们有个共同的身份，都是中国人民最优秀的儿子。黄继光魂归上甘岭597.9高地，毛岸英安葬在朝鲜的青山翠柏之间。当有人提出把毛岸英的墓迁回国时，毛泽东坚定地说，那么多志愿军战士都埋在了朝鲜，岸英应和他们在一起。他们，不论是领袖的儿子还是平民的子弟，在毛泽东心中占有的分量都很重很重。

（作者：许森，国防大学科研部编研部部长，本文选自《百年潮》2015年第7期。本书收录时有改动）

毛泽东诗词中的励志感怀

毛泽东诗词既是毛泽东辉煌人生和心路历程的壮丽画卷，也是毛泽东奋斗进取和深邃豁达生死观念的生动诠释。毛泽东诗词中那一首首励志的诗篇，气势磅礴、脍炙人口，犹如一曲曲抑扬顿挫的生死颂歌，体现出一代伟人毛泽东的博大胸襟和光辉思想。

人的生命是有限的，谁也无法阻挡死神的脚步。毛泽东视生死为事物发展的必然规律，重生而不贪生，哀死而不惧死。怎样用理性的方法强健人的体魄和延长人的生命，怎样使有限的人生过得充实丰富，怎样超越短暂人生获得不朽的价值，这是毛泽东经常思考的问题。

1917 年，湖南一师实行课间做十分钟体操的制度，但同学们都积极性不高，身体素质非常差。而就在这一年，学校流行传染病，八班傅传甲等七位同学不幸染病身亡。在学友会主持的追悼会上，毛泽东撰写了这样一副挽联："为何死了七个同学，只因不习十分间操。"痛陈不重视体育的惨痛教训。这就不难理解，他公开发表的第一篇文章，是 1917 年 4 月 1 日《新青年》

刊载的《体育之研究》。在文中，他提出一个口号："欲文明其精神，先自野蛮其体魄。"《体育之研究》主要不是对体育运动形式本身的研究，毛泽东是想借此提倡武勇世风和朝气蓬勃、奋斗向上的人生观。

1936 年，在保安的窑洞里，毛泽东对斯诺谈起求学期间体育锻炼的那些往事："我们也热心于体育锻炼。在寒假当中，我们徒步穿野越林，爬山绕城，渡江过河。遇见下雨，我们就脱掉衬衣让雨淋，说这是雨浴。烈日当空，我们也脱掉衬衣，说是日光浴。春风吹来的时候，我们高声叫嚷，说这是叫做'风浴'的体育新项目。在已经下霜的日子，我们就露天睡觉，甚至到 11 月份，我们还在寒冷的河水里游泳。这一切都是在'体格锻炼'的名义下进行的。这对于增强我的体格大概很有帮助，我后来在华南多次往返行军中，从江西到西北的长征中，特别需要这样的体格。"

体育锻炼只能延缓肌体的衰老，拉伸生命的长度，但无法抗拒死亡，关键是要积极作为，创造有价值、有意义的人生，增加生命的厚度和容量。

青年毛泽东曾经说："与天奋斗，其乐无穷！与地奋斗，其乐无穷！与人奋斗，其乐无穷！"表现出了共产党人的革命乐观精神和人生意义的哲学思考。毛泽东的一生，是领导中国人民为争取国家独立、民族解放、人民幸福而不懈奋斗的一生。他曾多次提到一句豪言壮语："一不怕苦，二不怕死。"还经常与"下定决心，不怕牺牲，排除万难，去争取胜利"联用，成为惊天动地的战斗号角。"不怕压，不怕迫。不怕刀，不怕戟。不怕鬼，不怕魅。不怕帝，不怕贼。"毛泽东一生无所畏惧，踏平坎坷成大道，斗罢艰险又出发。

毛泽东深知："人总是要死的，但死的意义有不同。中国古时候有个文学家叫做司马迁的说过：'人固有一死，或重于泰山，或轻于鸿毛。'""中国人民正在受难，我们有责任解救他们，我们要努力奋斗。要奋斗就会有牺牲，死人的事是经常发生的。但是我们想到人民的利益，想到大多数人民的痛苦，我们为人民而死，就是死得其所。"他把这种对待死亡的坚定态度诗意表达成"为有牺牲多壮志，敢教日月换新天"，一生致力于"改造中国与世界"。

（作者：汪建新，中国井冈山干部学院副院长、教授，本文节选自《毛泽东诗词中的生死感怀》，《百年潮》2022 年第 6 期。本书收录时有改动）

二、优良作风　高尚品格

毛泽东深入乡村调查

调查研究、密切联系群众，是毛泽东一贯倡导的党的优良传统。

1933 年 11 月中下旬，为了总结中央革命根据地农村苏维埃政权工作经验，为召开中华苏维埃第二次全国代表大会作准备，中华苏维埃共和国临时中央政府主席毛泽东，率中央政府检查团到江西兴国县长冈乡、福建上杭县才溪乡两个苏维埃工作模范乡进行调查。

在长冈乡列宁小学一间茅草屋里，毛泽东召集乡级和村干部——村支书、乡苏维埃主席、村代表主任、赤卫队长、贫农团主任等人，开了几天调查会，详细调查了解长冈乡的“政治区划及户口”“代表会议”“地方部队”“群众生活”等 19 项工作，并同农民群众一起参加劳动，了解乡苏维埃工作和农民生活情况。通过为期一周的实地调查，详细研究了长冈乡的工作，写出了《长冈乡调查》一文。

在才溪乡，毛泽东在区苏维埃政府和区工会陈设简陋的小屋里分别召开工人、贫农、乡干部等参加的各种类型的座谈会，对政权建设、扩大红军、经济建设、文化教育等问题进行了详细考察和研究，写下了《才溪乡调查》，共分行政区划、代表会议、扩大红军、经济生活、文化教育等7个部分，全面总结了才溪乡苏维埃工作的成绩和经验。

毛泽东的调查研究，大都利用饭前、饭后等休息时间进行。他不仅爱问，而且善于问，好多老乡都来找他聊天。大家都说："主席问的事情真多，真详细！"正是这种调查研究、脚踏实地的工作方法，使毛泽东深刻地了解实际情况，为制定政策、指导中国革命提供了重要依据。

（作者：王林育，中央党史和文献研究院第七研究部研究员，本文以《毛泽东深入乡村问计于民》为题，发表于《人民日报》2014年8月12日。本书收录时标题有改动）

毛泽东采纳村官诤言

1961 年 3 月 11 日，毛泽东在广州主持召开讨论和制定人民公社工作条例的三南会议。13 日，在谈到公共食堂问题时，他说：“广东有个大队总支书记说，办食堂有四大坏处：一是破坏山林，二是浪费劳力，三是没有肉吃（因为家庭不能养猪），四是不利于生产。”他认为“这个同志提出的问题值得注意。这些问题不解决，食堂非散伙不可”。

这位引起毛泽东重视的大队书记，就是时任广东新兴县里洞公社蒙坑大队党支部书记的梁纪南。

1958 年，“大跃进”和人民公社化运动在全国开展。1958 年下半年起，粤西山区的新兴县开始办公共食堂、吃“大锅饭”。是时，农业方面“以粮为纲”，浮夸风盛行。新兴县因粮食产量数字虚假，大仓存量所剩无几，无法按时下拨粮食给食堂。没有粮食，社员只得靠杂粮和野菜充饥。梁纪南感到事态严重，为上达下情，他让大队文书代笔，向广东省副省长安平生写信反映了公共食堂的问题。

此时党中央已经注意到农村中存在的“一平二调”问题。1961 年 1 月 13 日，毛泽东发表了以大兴调查研究之风为主旨的讲话，要求各级党委深入调查研究，“一切从实际出发”，对“症”下药。中央调查组奉命南下广东农村开展实地调查。梁纪南到广州参加了调查座谈会，实事求是地讲述公共食堂存在的问题和弊端，要求解散公共食堂并说明了理由。

1961年2月，毛泽东到广州。他认真查看中央调查组在广东调查后形成的《调查纪要》，在听取中央调查组和广东省委的汇报时，对梁纪南反映的应解散公共食堂的意见很重视，这才有了开头毛泽东在三南会议上关于公共食堂的发言。

1961年3月14至15日，梁纪南再次被邀请到广州参加座谈会，座谈会的“座谈纪要”于3月15日送到毛泽东手中。16日，毛泽东便指示将此记录作为重要文件，印发给在广州召开中央工作会议的同志讨论。

经过广泛征求意见和修改，1961年6月15日，中共中央发出《关于讨论和试行农村人民公社工作条例修正草案的指示》，取消分配上的部分供给制，在公共食堂问题上采取自愿原则，社员口粮分配到户、由社员自由支配等。至此，党中央纠正了用行政命令大办农村公共食堂的做法，较为妥善地解决了困扰农民的吃饭问题。

梁纪南从农村实情出发，主动反映问题，表现了他作为基层党员干部实事求是的工作作风。而毛泽东在知晓地方反映情况后，高度重视并有意识地摸底纠正，也体现了领导人接受意见、坚持一切从实际出发的原则和态度。

（作者：刘颖，中央党史和文献研究院第七研究部助理研究员，本文发表于《人民日报》2017年2月7日）

毛泽东送给青年“两件礼物”

抗日战争全面爆发后，成千上万的爱国青年奔赴延安寻求革命真理。他们来自五湖四海，既有共产党员，又有国民党员，还有其他不同政见者；既有红军战士、白区地下党员，也有沦陷区来的失业、失学青年，还有部分国民党要员的子女。毛泽东对这个青年群体的成长成才非常关心。1938年4月，毛泽东参加陕北公学第二期开学典礼时，为延安青年们送去了两件珍贵的礼物。他说：“今天陕公开学，我应当送点礼物。但是，我没有多少东西，只能送你们两件礼物。第一件，是坚定不移的政治方向，第二件，是艰苦奋斗的工作作风。”

毛泽东认为，知识青年坚定正确政治方向，就要“到工农群众中去”。他以自己的亲身经历教育青年：“我是个学生出身的人，在学校养成了一种学生习惯，在一大群肩不能挑手不能提的学生面前做一点劳动的事，比如自己挑行李吧，也觉得不像样子……革命了，同工人农民和革命军的战士在一起了……我才根本地改变了资产阶级学校所教给我的那种资产阶级的和小资产阶级的感情。”毛泽东教丁玲“如何当好主任”则又是另一段“知识分子与工农群众相结合”的佳话了。当时，毛泽东任命丁玲为中央红军警卫团政治处副主任，丁玲担心不能胜任，毛泽东告诉她，当好主任首先要放下架子，深入实际，搞好各方面的关系。后来，丁玲深入连队谈心，放弃吃小灶白面的待遇，在与干部战士同吃小米杂粮中建立起了亲密感情，也深刻体会到了“知识分子出身的干部若不与工农群众相结合，在革命战争中就会一事无成”。

毛泽东鼓励青年参加生产劳动，培养艰苦奋斗的工作作风。为抵御国民党的经济封锁、解决经济困难，毛泽东向知识青年们发出了“一面学习、一面工作”的号召。一些人初到延安时，对此不是很理解，不愿从事生产劳动，认为投奔延安是来打日本鬼子的，不是来扛镢头的。毛泽东风趣地对他们说，我也不愿意搞生产，但是有一位同志不答应，他就是“肚同志”。一句话，把青年们都说笑了。在打窑洞修建校舍时，有青年抱怨：“光打窑洞，啥时候才学习呢?”毛泽东得知后告诫青年，打窑洞就是学习，而且是很重要的学习，不要小看打窑洞，打窑洞是接近工农的第一步，打窑洞就是打通和工农群众隔开的墙。在党中央和毛泽东的亲切关怀下，延安青年在血与火的斗争中成长为坚强的革命战士，为党为人民创造了光辉业绩。

习近平总书记指出，青年一代有理想、有本领、有担当，国家就有前途，民族就有希望。在新时代新起点，青年要承担起历史使命，必须以坚定正确的政治方向领航，发扬艰苦奋斗的传统，将个人理想汇入时代洪流，为实现中华民族伟大复兴的中国梦建功立业。

（作者：王婧倩，中央党史和文献研究院科研规划部编辑，本文发表于《中直党建》2018 年第 5 期）

毛泽东重视改作风

20世纪50年代末60年代初的“大跃进”和“人民公社化运动”，未能实现人们的预期，反而使国民经济和人民生活陷入困境。党中央经过调研发现，干部作风是加剧困难的重要原因。为此，1960年11月，中共中央颁发《关于彻底纠正“五风”问题的指示》，要求各级干部“彻底纠正十分错误的共产风、浮夸风、命令风、干部特殊化风和对生产瞎指挥风”。

在12月召开的中央工作会议上，毛泽东要求胡乔木借鉴红军的历史经验，尽快起草一个在新形势下普遍适用的“党政干部三大纪律、八项注意”的文稿。实际上，在此之前，毛泽东就指出红军“三大纪律、八项注意”中的“一切行动听指挥”和“不拿群众一针一线”两条现在“普遍适用”。

1961年1月9日，毛泽东批示将胡乔木所拟稿子印发参加中央工作会议的同志讨论。1月9日下午，他又亲自召集中央政治局常委、中央有关部门负责人和各中央局书记等开会讨论，指出“三大纪律、八项注意”是我们军队战无不胜的法宝。他语调沉重地说，可是现在我们的有些党员干部却自以为是，不听中央的统一指挥……这样下去后果不堪设想啊！现在我们要制定一个“三大纪律、八项注意”，让大家对照着改正自己的缺点和错误，坚决执行中央的政策，与群众一起把生产和生活搞好。他还指出，草案太复杂，不如红军三大纪律、八项注意简单明了；要从正面谈问题。毛泽东的讲话和意见引起共鸣，大家纷纷表示支持制定“党政干部三大纪律、八项注意”，并提出修改意见。当年5至6月召开的中央工作会议上，根据各地上报意见，对“党政干部三大纪律、八项注意”草案进行了讨论修改，并正式写进“农村六十条（修正草案）”贯彻实行。

1962年9月27日，党的八届十中全会通过的《农村人民公社工作条例修正草案》，又对“党政干部三大纪律、八项注意”进行修正。最终确定的三大纪律是：（1）认真执行党中央的政策和国家的法令，积极参加社会主义建设；（2）实行民主集中制；（3）如实反映情况。八项注意是：（1）关心群众生活；（2）参加集体劳动；（3）以平等态度待人；（4）工作要同群众商量，办事要公道；（5）同群众打成一片，不特殊化；（6）没有调查，没有发言权；（7）按照实际情况办事；（8）提高无产阶级的阶级觉悟，提高政治水平。

“党政干部三大纪律、八项注意”对当时的干部队伍建设发挥了重要作用，对当前推进全面从严治党也有重要的现实意义。

（作者：文世芳，原中央党史研究室副研究员，本文发表于《人民日报》2016年5月17日。本书收录时有改动）

毛泽东要求解决“五多”问题

1952年秋，中共中央西北局调查组在调查中发现，咸阳一区7月至10月，区干部因经常开会及配合各方面工作太多，导致中心工作没有按期完成。对此，区乡干部有怨言：“自上而下一级逼一级，自下而上一级怨一级，一级哄一级”。

西北局结合其他方面情况认为，强迫命令与形式主义可能是一些地区和一些工作上的普遍现象了。1952年12月，西北局检查组向中央报告了区乡工作中的“五多”问题。1953年3月，毛泽东为中共中央起草了《关于解决区乡工作中“五多”问题的指示》。认为西北局检查组的报告集中反映了党政组织在农村工作中任务多、会议集训多、公文报告表册多、组织多、积极分子兼职多的“五多”问题。

毛泽东认为“五多”问题长久以来没有得到解决反而愈加严重的重要原因，是没有在全国党政领导机关中展开反对分散主义和官僚主义的斗争。他要求必须在1953年内，在执行中央1953年1月关于反对官僚主义、反对命令主义、反对违法乱纪的指示中，着重克服领导机关中的官僚主义和分散主义。

毛泽东还强调，凡妨碍农民进行生产的工作任务都必须避免，不能对农民施以过多的干涉。

中央将《关于解决区乡工作中“五多”问题的指示》下达后，全国各级党政领导机关陆续深入进行调查研究，实行若干改进办法，积极改进农村领导工作，清理农村“五多”现象，取得显著成效。农村清理“五多”现象后，出现了政简民勤的新气象。

（作者：刘学礼，原中央党史研究室副研究员，本文发表于《人民日报》2014 年 10 月 28 日。本书收录时有改动）

三、严谨学风　钉子精神

“好好学习”

1952年，“六一”儿童节就要到了，在中直育英学校就读五年级的李讷，接到班主任布置的一项任务：希望同学们行动起来，制作一份节日礼物，既可以自己做，也可以结成小组共同做，还可以请家长帮忙，以实际行动向儿童节献礼。老师要求这项活动一定不要花钱，不然就失去了意义。

周末放学后，李讷回到家，在丰泽园菊香书屋父亲毛泽东的办公室外，她转来转去，最后实在忍不住了，轻轻走进去，还是不敢吭声。伏案工作的毛泽东抬头看见正在犹豫的女儿，问她有什么事。李讷于是表达了希望父亲能够为她和学校送上一份节日礼物的愿望。毛泽东很高兴，答应了女儿，随后在长35厘米宽11厘米的宣纸上，用毛笔题写了一张条幅。

育英学校每周一早上的第一节课是周会。会上，班主任老师问起大家向儿童节献礼做得怎样了。李讷说：我让爸爸写了几个字。同时拿出了一张条幅，交给老师。班主任把纸慢慢展开，全班同学都看到了，上面是毛泽东书写的“好好学习　好好学习”八个字。整个学校都沸腾了，师生们兴奋异常、激动不已。后来，在老师们的建议下，学校把这张珍贵的条幅用镜框镶嵌好，悬挂在校部外大厅的墙上。

毛泽东为什么会写两遍“好好学习”呢？李讷向老师解释说：“昨天我央求爸爸给写几个字，爸爸写了‘好好学习’四个毛笔字。但不小心被水滴弄了水印。于是爸爸又在这个‘好好学习’的左侧偏下写了‘好好学习’四个小字。”这个小小的偶然，反而更加富于深意。它清晰地表达出作为一位开国领袖同时作为一名家长的毛泽东，对孩子们的期望和鼓励。

平时在和子女的沟通交流中，毛泽东总是会提到学习问题。他说：“有了学问，好比站在山上，可以看到很远很多东西。没有学问，如在暗沟里走路，摸索不着，那会苦煞人。”他还常说：“我一生最大的爱好是读书。”“饭可以一日不吃，觉可以一日不睡，书不可以一日不读。”

儿子毛岸英、毛岸青在苏联时，毛泽东在给他们的家书中，特地嘱咐他们要认真学习，提醒要趁着年纪尚轻，多学习自然科学。毛岸英回国后，为了让他深入了解中国的社会和文化，毛泽东建议他要多读书，特别是要看历史小说、明清笔记小说。毛泽东还建议他去工厂和农村，扎根中国大地去上“劳动大学”，向广大劳动人民学习。

毛岸英在朝鲜牺牲后，1956 年 2 月 14 日，他的妻子刘松林到苏联学习。毛泽东在给刘松林的信中，嘱咐她要“注意身体，不使生病，好好学习”。

女儿李敏从小在苏联长大，对中国文化起初比较生疏。回国后，毛泽东不仅督促她完成学校布置的学习任务，尽快学会、掌握汉字，还要求她练写毛笔字，并且亲笔给李敏写仿帖。除了写字，毛泽东还要求李敏好好读四大名著等中国经典作品。李敏后来回忆说："为了培养我，父亲下了一番功夫，他想让我在学成一手好字的同时，潜移默化地接受中国传统文化的熏陶。"

女儿李讷就读大学时，毛泽东也写信建议她多读书学习，并且谈到读书要循序渐进，"要读浅近书，由浅入深，慢慢积累。大部头书少读一点，十年八年渐渐多读，学问就一定可以搞通了"。

在给孩子的信里，毛泽东曾语重心长地说："一个人无论学什么或作什么，只要有热情，有恒心，不要那种无着落的与人民利益不相符合的个人主义的虚荣心，总是会有进步的。"

"好好学习"四个字，生动反映出毛泽东一生热爱学习和追求真理的崇高风范，是他和子女之间沟通交流的重要内容，也是他对子女传承优良家风家教的深切要求。

（作者：吕臻，中央党史和文献研究院第二研究部副研究员，本文选自《老一辈革命家和先进模范人物好家风故事集》）

善读“无字天书”

毛泽东一生酷爱学习，提倡既读有字之书，又读“无字天书”。1938 年 3 月，他在出席抗大毕业典礼时特别强调：“社会是学校，一切在工作中学习。学习的书有两种：有字的讲义是书，社会上的一切也是书——‘无字天书’。”他指出，一个人光有书本知识远远不够，还必须重视实践、投身社会生活。毛泽东此时倡导读“无字天书”，有着特定的历史原因。

1937 年卢沟桥事变后，抗日战争全面爆发。为推动全民族抗日战争局面的形成和发展，在中国共产党积极倡导下，国共两党实行第二次合作，由相互对抗转变为合作抗日。面对这种转变，党内一些同志思想上一时转不过弯，出现了两种思想倾向：一种是部分党员对国民党仍持敌对态度，不接受部队改编，拒绝配合国民党作战，甚至拒绝穿上国民革命军军装；另一种是部分党员过分迁就国民党，个别党员甚至主张参加国民政府。特别是刚刚回国的王明，僵化地执行共产国际指示，提出“一切通过统一战线”“一切服从统一战线”的主张，过分强调统一战线中的联合，威胁到了党的独立自主。束缚于“本本”，依赖于外来经验，不能根据变化了的形势，作出及时正确的判断和决策，对中国革命是极为危险的。毛泽东敏锐地意识到反对教条主义、本本主义的必要性，在不同场合反复强调要根据中国的实际解决中国的问题。就是在这种情况下，他谆谆教诲抗大学员要重视读社会这本“无字天书”，告诫全党要抛弃教条主义，用符合中国实际的办法解决中国革命中遇到的问题。

重视读“无字天书”，善于读“无字天书”，毛泽东为全党树立了榜样。他重视调查研究，强调“没有调查没有发言权”，一生做了大量社会调查，撰写了《中国社会各阶级的分析》、《湖南农民运动考察报告》、《反对本本主义》等著名报告，将理论和实践相结合，解决现实问题；他重视向群众学习，强调以人民为师，鼓励回国的毛岸英广泛接触社会，送他到劳动大学拜劳动模范为师，学习农业生产知识，在劳动中“补课”，经受锻炼；他重视向社会学习，强调参与社会实践，青年时与好友步行九百余里、“游学”长沙、宁乡、安化、益阳、沅江，考察社会各阶层人士，了解当地风土民情，践行“周知社会”理念。毛泽东以自身经历阐释了读“无字天书”的意义和作用，这实际上也是对党的实事求是思想路线的践行。

现在，中国特色社会主义进入新时代。我们比历史上任何时期都更接近、更有信心和能力实现中华民族伟大复兴的中国梦。要实现这个梦想，就必须以习近平新时代中国特色社会主义思想为指导，把马克思主义基本原理与中国具体实际相结合，立足中国国情，坚持问题导向，读懂中国社会这本“无字天书”。

（作者：刘颖，中央党史和文献研究院第七研究部助理研究员，本文发表于《中直党建》2018 年第 1 期）

毛泽东倾力撰写《论持久战》

全国抗战爆发后，1938 年 5 月，毛泽东集中了中国共产党和中华民族的智慧，撰写了《论持久战》，引起全国各阶层的高度重视。

当时，日军占领南京以后，“亡国论”一度甚嚣尘上。而八路军取得平型关大捷、中国军队取得台儿庄大捷后，“速胜论”又流传一时。为了彻底批驳“亡国论”和“速胜论”，以持久战思想武装全党全民族，毛泽东决定写一部论持久战著作。

抗日持久战思想，毛泽东早有思考。1936 年 7 月，他就对斯诺说：中日早晚要打一仗；中日这一战，是持久的。全国抗战开始，毛泽东就指出，中日之间的最后胜负，要在持久战中去解决。

为此，毛泽东阅读了大量国内外资料和战争理论著作，精心拟定撰稿提纲，开始撰稿后，集中精力，废寝忘食。有时，他两天两夜不睡觉，实在太累太困时，就让警卫人员打盆水洗洗脸，到院子里转一转，在躺椅上闭目养会儿神，接着继续写。其间，由于高强度的脑力劳动，缺乏休息，毛泽东病倒了，头疼、失眠、吃不下饭。医生检查后说，没有病，主要是劳累过度和精神一直处于高度紧张状态所导致。医生开了药，要求毛泽东注意休息。毛泽东吃了药，休息一天，没等全好，又继续撰稿。

一天夜里，天气降温，警卫员把一盆炭火放在毛泽东脚旁。过了一段时间，他给毛泽东送水，刚到门口，就闻到一股浓烈的焦煳味，进去一看，毛泽东正埋头写作，而火盆旁毛泽东脚上的棉鞋却冒着青烟。警卫员连忙喊："主席，棉鞋着火了！"毛泽东脱掉棉鞋，捂着脚说："好痛，好痛。"然后笑着说："怎么搞的？我一点也没有觉得就烧着了。"说完，又写起来。

警卫员回忆："大概写到第八九天的半夜，主席把我叫去，交给我一卷用报纸卷好的卷卷，叫我过延河送到清凉山解放社去。过了两三天，解放社送来了校样，主席拿到手以后，就又手不释卷，不分昼夜，反反复复地修改起来。又过了些日子，解放社给主席送来了一叠书，书皮上写着《论持久战》几个字。主席吩咐我立即把这些书分送给中央几位首长看，请大家提提意见，准备再作进一步的修改。"

《论持久战》科学地论证了抗战的发展规律，阐明了争取抗战胜利的道路，批判了对抗战的各种错误认识，从思想上武装了全党全军和人民群众，坚定了中国人民争取抗战胜利的信心，是指导全国抗战的理论纲领，受到国内外的高度评价。

（作者：薛庆超，原中央党史研究室副研究员，本文发表于《人民日报》2015 年 5 月 26 日）

毛泽东："碰了钉子时，就向钉子学习"

1938 年，毛泽东到延安抗日军政大学作报告时，曾给学员于江题词："碰了钉子时，就向钉子学习，问题就解决了。"1940 年 3 月，于江不幸被叛徒杀害，这幅题词从此沉寂了近半个世纪。直到 1983 年，河北省定兴县委党史办公室准备撰写于江烈士的传记，在收集材料时，才从于江的爱人任致手中看到了毛泽东的这一珍贵手迹。

在延安学习运动中，毛泽东曾大力倡导全党同志要有"钉子"一样"挤"和"钻"的学习精神，"钉子"精神由此影响了一代甚至几代人的学习和工作观念。

"碰了钉子时，就向钉子学习"，主要是指在日常工作中遭遇阻力、困难或挫折时，我们应该具备的一种基本态度和应该采取的应对办法。具体说来，大致可从以下几方面来理解。

首先，要认识到"碰钉子"是不可避免的。在工作中，难免会碰到各种各样大大小小的问题、麻烦，有时甚至是严重的挫折。碰了钉子，关键的就是心态。如果能做到不抱怨、不懊恼、不气馁，以一种平和、从容的理性态度来看待困难、对待挫折，就是一种心理成熟的表现。有了这样的思想和认识作基础，摆脱困境就只是时间和方法问题了。在江西中央苏区时期，因受“左”倾冒险主义错误路线的排挤和打击，毛泽东在相当一段时间内失去了参与决策工作的权利，遭遇了人生当中一段艰难岁月。面对人生逆境，毛泽东抓紧时间读书，学习理论知识，总结革命经验。他在 1957 年曾回忆说：“一些吃过洋面包的人不信任，认为山沟子里出不了马克思主义。1932 年（秋）开始，我没有工作，就从漳州以及其他地方搜集来的书籍中，把有关马恩列斯的书通通找了出来，不全不够的就向一些同志借。我就埋头读马列著作，差不多整天看，读了这本，又看那本，有时还交替着看，扎扎实实下功夫，硬是读了两年书。”“后来写成的《矛盾论》、《实践论》，就是在这两年读马列著作中形成的。”面对客观存在的逆境，能够坦然面对，冷静思考，并在忍耐和等待中磨炼、提高自己，这种豁达、泰然和坚韧，体现了毛泽东作为革命家、政治家的胸怀与品格，也成为后来者足以称道的楷模。

其次，不要怕“碰钉子”，要做好随时“碰钉子”的准备。碰一回钉子，长一分见识，增一分阅历。做的事越多，碰的钉子往往就越多。不论是一个人、一个政党，还是一个民族、一个国家，要安身立命、固本安邦，不能怕“碰钉子”，随时都要准备“碰钉子”。碰了“钉子”，从中吸取了教训，才能增长智慧，变得更为聪明和成熟起来。

其实，不怕“碰钉子”，也反映了人们掌握规律、认识真理的必然过程。毛泽东曾说：“凡是规律要经过几次反复才能找到。”这个“反复”，就包括正面的经验和反面的教训在内的。不“碰钉子”，不从反面的教训中来加以比较、加深认识，解决问题的正确方法也就不大容易找到。毛泽东说："在民主革命时期，经过胜利、失败，再胜利、再失败，两次比较，我们才认识了中国这个客观世界。""没有经过大风大浪，没有两次胜利和两次失败的比较"，就"不能充分认识中国革命的规律"。

其三，"碰了钉子"之后，要善于"向钉子学习"。换句话说，就是遭遇问题或困难后，不回避、不闪躲，敢于直面问题，分析问题，通过总结失败或错误的经验教训，最终找到解决问题的办法或思路。抗日战争进入战略相持阶段后，从 1940 年开始，在日本侵略军的残酷扫荡和国民党顽固派的严密封锁下，敌后抗日根据地和陕甘宁边区出现严重的经济困难，到 1941 年进入极端困难时期。面对这种前所未有的严峻形势，毛泽东首先从大局出发对困难形势进行分析："我们到陕北来是干什么的呢？是干革命的。现在日本帝国主义、国民党顽固派要困死、饿死我们，怎么办？我看有三个办法：第一是革命革不下去了，那就不革命了，大家解散回家。第二是不愿解散，又无办法，大家等着饿死。第三靠我们自己的两只手，自力更生，发展生产，大家共同克服困难。"

正是在这样的形势下，毛泽东发出了"自己动手，丰衣足食"的号召；也正是在这种情况下，毛泽东下大气力对边区财政经济问题展开了深入、周密的调查研究，并制定出许多解决问题的具体办法。当时兼任西北财政经济委员会副主任的贺龙后来总结说：毛泽东真正实际解决了边区当前最重大的问题（假若没有饭吃，一切工作都无从说起），明确地指出了边区经济与财政的大道，提高了全体人民的信心。"他不仅解决了边区的经济问题财政问题，并且给各个抗日根据地和全国都提供了解决问题辉煌的模范的例子。"遭遇困难不畏惧困难，而是想方设法克服困难，在克服困难中分析新矛盾，研究新情况，寻找新办法，摸索新经验，往往能够绝处逢生、柳暗花明，并由此开辟新的道路，开拓新的境界。

综上，“碰了钉子时，就向钉子学习，问题就解决了。”这是我们在工作和生活中必须具有的一种经验、态度和本事，也是认识世界、把握规律、探求真理的辩证方法。当然，做起来也并非易事，只有不断实践、反复磨炼、潜心体悟，方能逐步贯通，进而游刃有余。诚如毛泽东在 1962 年初七千人大会上总结几年来党领导经济建设的经验教训时所说：“经过反复的实践，在实践里面得到成绩，有了胜利，又翻过斤斗，碰了钉子，有了成功和失败的比较，然后才有可能逐步地发展成为完全的认识或者比较完全的认识。到那个时候，我们就比较主动了，比较自由了，就变成比较聪明一些的人了。”

（作者：王香平，中央党史和文献研究院第一研究部副主任，本文选自《党的文献》2011 年第 3 期，署名：思秦。本书收录时有删节）

四、言传身教　良好家风

毛泽东家书中的家风传承

作为一代伟人，毛泽东不仅为中国的革命和建设事业做出了巨大贡献，在家风家教方面也堪称一代典范。许多时候，他对子女、对亲友的家风教育主要是通过家书来实现的。在这一封封家书中，毛泽东总是循循善诱地与子女谈读书学习，谈为人处世，谈立志励志。今天，我们再细细品读这些入情入理的家书，依然会被毛泽东崇高的精神风范所打动。

谈读书学习：趁着年纪尚轻，多向自然科学学习，少谈些政治。政治是要谈的，但目前以潜心多习自然科学为宜，社会科学辅之。将来可倒置过来，以社会科学为主，自然科学为辅。总之注意科学，只有科学是真学问，将来用处无穷。

就像世上所有的父母那样，毛泽东对子女的读书学习也是抓得很紧的。只要一有机会，酷爱读书的他总是愿意在家书中勉励子女多读书，向他们推荐各种好书，并传授自己的读书方法。

延安时期，毛泽东十分关心远在苏联求学的儿子毛岸英、毛岸青的读书问题。他曾告诉两个儿子，自己“也看了一点书，但不多，心里觉得很不满足，不如你们是专门学习的时候”。为了使他们能在异国他乡多读点书，尤其是多读点中国的书，毛泽东曾两次寄书给他们。

在毛泽东看来，倡导子女们多读书很重要，但问题的关键在于读书要目标明确，方法得当。只有这样，才能读有所得、得而能用、用而生巧。

毛泽东十分注意引导子女在不同阶段学会有选择地读不同的书。1941 年 1 月 31 日，在给毛岸英、毛岸青的信中，毛泽东专门对他们的学习和发展方向提出了独到、精辟的见解。信中说：“你们长进了，很欢喜的。唯有一事向你们建议，趁着年纪尚轻，多向自然科学学习，少谈些政治。政治是要谈的，但目前以潜心多习自然科学为宜，社会科学辅之。将来可倒置过来，以社会科学为主，自然科学为辅。总之注意科学，只有科学是真学问，将来用处无穷。”

谈为人处世：一个人无论学什么或作什么，只要有热情，有恒心，不要那种无着落的与人民利益不相符合的个人主义的虚荣心，总是会有进步的。

毛泽东不仅严于律己，而且严于律子。他十分喜欢《触龙说赵太后》一文，此文在分析众多诸侯王国没有一个子孙三世保住王位的原因时，认为“位尊而无功，奉厚而无劳”。毛泽东在一次中央会议上特别推荐此文，说：“我们不是代表剥削阶级，而是代表无产阶级和劳动人民，但如果我们不注意严格要求我们的子女，他们也会变质。”毛泽东从历史事件中获得启发，提醒全党要关心下一代子女的教育问题。

毛岸英在苏联学习期间，由于各方面表现都比较出色，特被选为儿童院少先队的大队长。他把在苏联的生活、学习情况写信汇报给父亲。毛泽东在 1941 年 1 月 31 日给毛岸英、毛岸青的回信中，语重心长地告诫儿子们："人家恭维你抬举你，这有一样好处，就是鼓励你上进；但有一样坏处，就是易长自满之气，得意忘形，有不知脚踏实地、实事求是的危险。"1946 年 1 月，毛岸英从苏联回到延安。父子已 19 年没有见面，但毛泽东并没有因为团圆而去溺爱毛岸英，而是对他的要求更加严格。不久，他亲自送毛岸英到农村锻炼，上"劳动大学"，拜劳动模范为师，与农民同吃同住同劳动。之后，还派他到山西、河北等地参加土改运动，深入了解农村斗争。1947 年 10 月 8 日，毛泽东给正在河北西柏坡参加全国土改工作会议的毛岸英写信并告诫他："一个人无论学什么或作什么，只要有热情，有恒心，不要那种无着落的与人民利益不相符合的个人主义的虚荣心，总是会有进步的。"毛岸英把它作为座右铭抄录在笔记本上，时刻激励自己，不辜负毛泽东对他的期望。

毛泽东对李讷的教育也格外严格。中学时代的李讷，读的是实验中学，干部子弟比较集中，但是，上了大学之后，身边都是一些普通群众的子弟，因为毛泽东一再严格要求她，不要特殊化，不要自以为是，不要骄傲。许多年后，当李讷回忆起这段往事时，仍然记得当时自己的心理变化："我觉得父亲对我的鼓励是最好的鞭策，他从来都是严格要求我们，不要特殊，不要骄娇二气，不要自以为是。"

谈立志励志：要立雄心壮志，注意政治、理论。要争一口气，为死者，为父亲，为人民，也为那些轻视、仇视的人们争这一口气。

在子女身处异国他乡或经历困难时，毛泽东总是鼓励他们要坚强起来，心系国家和人民，努力在政治和事业上追求进步，不断磨炼毅力和品格。1946 年 1 月，毛岸英回国后，毛岸青仍然留在苏联。毛泽东很牵挂他，于是写信鼓励他“在那里继续学习，将来学成回国，好为人民服务”。

新中国成立后，毛岸英牺牲在朝鲜战场，他的爱人刘松林一直沉浸在痛苦和思念之中。1955 年，为了使她重新振作起来，毛泽东同意她换换环境，去苏联留学。不幸的是，刘松林在 1959 年又生了一场大病，学业受到影响。1960 年 1 月 15 日，毛泽东又去信，以十分关切的语气写道：“思齐儿：不知道你的情形如何，身体有更大的起色没有，极为挂念。要立雄心壮志，注意政治、理论。要争一口气，为死者，为父亲，为人民，也为那些轻视、仇视的人们争这一口气。”毛泽东在这封信中希望她首先继承烈士遗志，牢记党和人民，也包括毛泽东本人对她的培养，最重要的是“争这一口气”。在毛泽东的鼓励下，刘松林明确了自己所担负的重任，以顽强的毅力，完成了学业，没有辜负毛泽东对她的期望。

1958 年年初，李讷住院连续做了两个外科手术，手术后伤口感染，引起发烧。在她生病期间，毛泽东给她的鼓励是最多的，生怕她精神上受到影响，不利于恢复健康。2 月 2 日晚上，毛泽东工作了一个通宵，直到 3 日中午，在吃了安眠药准备入睡前，仍然放心不下女儿，就挥笔草书了一封信，讲述了一番深刻的人生哲理。在信中，毛泽东要李讷充分体验意志的强大力量，通过与疾病作斗争，使自己的意志更加坚强。

（作者：王为衡，原中央文献研究室编辑，本文选自《前线》2014 年 4 月 18 日。本书收录时有删节）

亲戚也不能特殊

毛泽东童年绝大部分时间都是在外婆家度过的，他和表兄弟们一起读书、游戏，得到过舅父、表兄们的很多帮助，与他们感情很深。

1950 年初，二舅的三儿子文南松给毛泽东写信，提出为其胞兄文运昌介绍工作的要求。在此以前，文运昌本人也给毛泽东接连写了好几封信。

在诸多表兄当中，毛泽东与文运昌的感情最深。当年毛泽东辍学在家务农时，文运昌就把自己的书借给他看。其中一本《盛世危言》让毛泽东意识到"天下兴亡，匹夫有责"，激起他复学的强烈愿望。1910 年，毛泽东又一次面临失学，是文运昌引荐他到湘乡县立东山高等小学堂读新学。在学校里，文运昌还向毛泽东推荐并借给他《新民丛报》等进步书刊。1936 年，在与美国记者斯诺谈自己的经历时，毛泽东说，文运昌借给他的这两本书他读了又读，直到能够背诵，"十分感激我的表兄"。

对这么一位表兄提出的介绍工作的要求，该怎么办呢？

"运昌兄的工作，不宜由我推荐，宜由他自己在人民中有所表现，取得信任，便有机会参加工作。”1950 年 5 月 12 日，毛泽东给文南松亲笔回信，正面表示了自己的态度。

文运昌知道毛泽东是讲亲情的人，认为他直接为亲戚安排工作可能不太方便，便给毛泽东的秘书田家英写了一封信，要求为毛泽东外婆家的 15 位亲戚解决求职、求学问题。毛泽东知道后在信笺的页眉上批示了一行字：“许多人介绍工作，不能办，人们会说话的。”

其实，早在抗日战争初期，毛泽东就拒绝过文运昌到延安谋职的要求。看似无情举动的背后，是真情大爱的流露。毛泽东说：“我为全社会出一些力，是把我十分敬爱的外家及我家乡一切穷苦人包括在内的，我十分眷念我外家诸兄弟子侄，及一切穷苦同乡，但我只能用这种方法帮助你们，大概你们也是已经了解了的。”

中华人民共和国成立后，大舅之子文涧泉也曾来信，为同宗好友文凯求情，想让毛泽东介绍他来北京工作。毛泽东与文涧泉的感情也很好。1927 年毛泽东到湘乡考察农民运动，文涧泉曾陪同考察，他本人积极参加农民运动。大革命失败后，他又积极支持毛泽东继续干革命，所以毛泽东对他格外尊重。

对于毛泽东来说，私人感情是一回事，但公事还是要公办。1950 年 5 月 7 日，毛泽东在给文涧泉的复信中说：“文凯先生宜在湖南就近解决工作问题，不宜远游，弟亦未便直接为他作介，尚乞谅之。”

不仅在介绍工作上，即使在生活救济方面，毛泽东也不容许自己的亲戚有任何特殊。

1950 年春季青黄不接的时候，文家四兄弟联名给毛泽东写信反映生活困难，要求救济。5 月 27 日，毛泽东给湘乡县长刘亚南写信，特别嘱咐“至于文家（我的舅家）生活困难要求救济一节，只能从减租和土改中照一般农民那样去解决，不能给以特殊救济，以免引起一般人民不满。”

至于在作风上，毛泽东对他们约束更加严格。新中国成立初期那几年，文家亲戚常有人来北京看望毛泽东。回去之后，其中有人不免有点骄傲情绪，说起话来气也粗了。毛泽东得知后，立即给当地石城乡党支部和乡政府写信：“文家任何人，都要同乡里众人一样，服从党与政府的领导，勤耕守法，不应特殊。请你们不要因为文家是我的亲戚，觉得不好放手管理。”

毛泽东还申明了自己的态度：“第一、因为他们是劳动人民，又是我的亲戚，我是爱他们的。第二、因为我爱他们，我就希望他们进步，勤耕守法，参加互助合作组织，完全和众人一样，不能有任何特殊。如有落后行为，应受批评，不应因为他们是我的亲戚就不批评他们的缺点错误。”

（作者：钟波，中央党史和文献研究院第二研究部助理研究员，本文选自《老一辈革命家和先进模范人物好家风故事集》）

生活开支账本

韶山毛泽东同志纪念馆保存着毛泽东一家自1952年到1977年1月的生活开支账本。这些发黄的账本看上去和普通勤俭人家的生活账本没什么两样，衣食住行、柴米油盐一笔笔记录在内，连购买手纸、火柴等细微的花费都记得清清楚楚，真实再现了当年中国“第一家庭”的财务与生活状况，反映了这个家庭严于律己、勤俭节约的家风。

从账本中可以看出，毛泽东一家生活开支基本靠他与江青的工资。毛泽东的工资原来是每月610元，国民经济困难时期他带头把自己的工资降到404.8元；江青的工资是243元，从1968年3月起调整为342.7元。

尽管收入不算低，但毛泽东家庭支出也比较大，常常捉襟见肘，用今天的话来说就是“月光族”。原来，作为一家之主的毛泽东要负担七八口人的生活，除了他自己、江青及儿子毛岸青，女儿李敏、李讷外，江青的姐姐李云露及李云露的儿子长期跟毛泽东生活在一起，侄子毛远新也基本上在毛泽东家长大。再加上平时有湖南老家来的亲戚到北京看病，交通食宿、看病的费用都由毛泽东负担。毛泽东还时常在家请客吃饭，有时组织晚上开会，会开得晚了，就请大家吃夜宵，都是他私人掏腰包。

这些开支经常让毛泽东的生活管理员非常为难。卫士长李银桥曾草拟了一份《首长薪金使用范围、管理办法及计划》，把毛泽东、江青的工资开支分为主食 450 元、副食品 120 元、日常用品 15 元、杂支零用 18 元、房租费 49. 63 元等 9 项，请毛泽东阅示。毛泽东一开始不肯签字，认为平均每人每天 3 元的伙食费太高了。李银桥解释说，这里面包括了所有招待客人的费用，毛泽东这才答应，批了两个字："照办"。

毛泽东在日常生活中始终严格自律，消费开支处处强调公私分明。毛泽东一家住在中南海丰泽园，和普通百姓一样按规定交房租，水电、煤气、取暖、家具样样要交钱。毛泽东外出开会喝茶也要自己付费。比如到人民大会堂、钓鱼台开会，没有带茶叶而喝了公家的茶，就记上账，他的生活管理员每隔一段时间就会去结一次账。

为了严格控制家庭开支，毛泽东也和普通老百姓一样省吃俭用。他曾对生活管理员说："只要你们饭菜做得干净卫生就可以了，不必买一些贵重的东西给我吃。比方说，现在是冬天，你就别买那些西红柿、黄瓜之类的新鲜蔬菜，现在买一条黄瓜的钱，到了夏天就能买一筐黄瓜，冬天买一条黄瓜只能吃一顿，夏天买一筐黄瓜能吃几十顿。"

无论在哪个时期，毛泽东所吃的菜都是一些十分普通的百姓菜。保健医生多次劝毛泽东要注意营养，改变饮食习惯，多吃点有营养的东西。听了后，毛泽东每次都摇头，有时说："你们说的那些山珍海味，我不喜欢吃，我不想吃的东西你们就不要勉强我，我吃了不舒服，就说明吸收不了。再说我们国家还不富裕，人民群众生活还有一些困难，我吃那么好，心里不安呀。”

毛泽东是个“恋旧”的人。他很少穿新衣服，旧衣服总是补了又补。他的生活用品也总能跟随他很久，即使破旧不堪了，他也不允许工作人员随便丢掉。毛泽东还经常嘱咐工作人员，生活用品需要多少就买多少，不要多买，以免浪费。对于生活用品，他总是用到不能用为止，因此，毛泽东的账本中有很多类似修补热水瓶、换锅底、换皮凉鞋底、修理手表等的消费记录。

毛泽东对子女非常疼爱。李敏和李讷在育英小学寄宿读书期间，她们每星期都要回家过周末。到了周末，学校就把离校这一天的伙食费退给学生。李敏和李讷对带回来的伙食费，从来不自己花掉，而是如数交给毛泽东，毛泽东再转交给生活管理员。于是，这些钱就作为李敏和李讷星期日回到家中的伙食费，并在管理科入账。毛泽东经常告诫子女，学习和事业要向上看，但生活要向下看。他还要求子女不要穿得太讲究，要和老百姓一样，穿得干干净净，整整齐齐就行。

当然，即便如此严格管理，也避免不了家庭财务透支现象。乡下亲戚进京，穷困的师友求救，甚至身边工作人员的生活困难，毛泽东都要关心和接济。这些庞大的开销，当然不是他的工资所能应付的。于是，毛泽东只好同意从他的稿费中补贴一部分。不过，这必须经过他的批准，从中央特别会计室支取。为了把好家庭经济关，毛泽东还不定期检查家庭开支情况，绝不允许占公家一分钱便宜。

（作者：王颖，中央党史和文献研究院第二研究部编审，本文选自《老一辈革命家和先进模范人物好家风故事集》）

毛岸英和父亲毛泽东二三事

毛岸英喜接毛泽东的复信

1936年6月，中共地下组织找到流落上海街头的14岁的毛岸英和13岁的弟弟毛岸青，并安排他们去苏联学习。1937年初，兄弟二人进入位于莫斯科市郊的苏联第二国际儿童院。由于各方面表现都很出色，1939年1月毛岸英当选为儿童院少先队大队长。

这年11月，时刻惦记两个儿子成长的毛泽东同他们有了书信联系。后来，在伊万诺夫市上中学的毛岸英，写了一封长信，将他在苏联新的环境中学习、生活的情况向父亲作了汇报。毛岸青也写了一封短信。毛泽东无奈工作过于繁忙，在接到他们来信很长一段时间后，到1941年1月31日才写了回信。

在信中，毛泽东认为，年轻人记忆力好，精力充沛，应该“多向自然科学学习”。他说道：“目前以潜心多习自然科学为宜，社会科学辅之”；“政治是要谈的”，但以“少谈些政治”为宜。他强调："总之注意科学，只有科学是真学问，将来用处无穷。"他和蔼地告诫："人家恭维你抬举你，这有一样好处，就是鼓励你上进；但有一样坏处，就是易长自满之气，得意忘形，有不知脚踏实地、实事求是的危险。"同时，毛泽东以平等协商的恳切态度袒露自己的心声："我的意见，只当作建议，由你们自己考虑决定。"

随信一道，毛泽东还给毛岸英、毛岸青和其他在苏联的革命家的后代寄去了包括中国小说、史地图书与哲学著作在内的 21 种共计 60 本图书，以期他们把所学到的马克思主义、现代科学知识同中国国情融会贯通地结合在一起。

毛泽东送毛岸英上"劳动大学"

1941 年 6 月苏德战争爆发后，毛岸英先后进入苏雅士官学校快速班、莫斯科列宁军政学校和伏龙芝军事学院学习。军校毕业后，毛岸英被授予中尉军衔，任苏军白俄罗斯第一方面军坦克连指导员。随后，参加苏联反法西斯战争的战略反攻，从白俄罗斯一路勇猛西进，直指德国法西斯老巢柏林。战争结束后，毛岸英受到斯大林接见，并受赠手枪一支。

1945 年底，毛岸英回到魂牵梦绕的祖国，次年 1 月抵达延安。在延安王家坪，毛泽东和毛岸英这对阔别 18 年之久的父子终于团聚了。当毛泽东看到已经 23 岁、个头比自己还高的儿子时，心情大好，生病已久的身体顿时好了许多。

但是，毛泽东也敏锐地察觉到，近 10 年的苏联生活，儿子着装打扮、言谈举止已经较大程度俄化。于是，他让毛岸英把穿回国的苏军军服、西装脱了，换上旧灰布军装。几天后，毛泽东不再让毛岸英在家里吃饭，让他到大灶跟普通干部、战士一道吃饭。

接下来，毛泽东着眼于儿子未来的成长进步，对毛岸英说："你在苏联学习了一些文化，也参加过反法西斯战斗，但那是外国的，中国的事你了解很少，所以我让你上'劳动大学'。"毛岸英疑惑地问道："在苏联有'红军大学'、'莫斯科大学'，中国有'北京大学'、'清华大学'，可是我从来没有听说过什么'劳动大学'。"毛泽东接过话茬："对呀，正是你没听说过这个学校的名称，所以我才让你上这所'劳动大学'。"感受到毛泽东的深层用意后，毛岸英爽快回答："我听爸爸的话，当个合格农民。"

1946 年清明节后，毛岸英自带行李和一斗多口粮，步行 10 多里地来到山大沟深的小村庄延安县吴家枣园，"师从"与父亲同庚的陕甘宁边区大生产运动劳动英雄、"劳动大学校长"吴满有。毛岸英睡吴满有家的土炕、吃他家的粗粮、干和他一样的农活，同农民群众打成一片。

入学第一课，就是在羊圈掏粪、垒粪，然后送粪。掏粪工具叫流子镢。毛岸英干劲十足，双手紧握流子镢猛掏了几下。由于用劲不得法，羊粪溅满全身，脸上也溅得斑斑点点。一同掏粪的吴满有的儿子吴仲贵见状，告诉毛岸英：掏粪用猛劲不行，应该不重不轻掏下去，然后再撬一下，粪才能起来。这是掏粪的窍门。逐渐掌握窍门的毛岸英，参与了掏粪、垒粪和送粪的全过程，直至完成掏粪任务。毛岸英感慨道："'劳动大学'这门学问真的很深奥！"

半年多后，在吴家枣园从事开荒、撒种、锄苗、收割、打场、交送公粮等一个庄稼季节劳动的毛岸英，回到延安王家坪父亲的身边时，已经发生显著变化：一身黄土，两腿泥，满嘴陕北口音，双手长满老茧。看着已经大变样的儿子，毛泽东喜滋滋地说道：这就是你上“劳动大学的毕业证”。

毛岸英主动请缨入朝参战

1950 年 10 月初，中央政治局扩大会议做出“抗美援朝，保家卫国”的战略决策，并决定由彭德怀率领中国人民志愿军入朝参战。10 月 7 日晚上，新婚不久的毛岸英，趁父亲在菊香书屋家里便宴招待即将出征的彭德怀叔叔之机，主动请缨参加志愿军入朝参战。毛泽东对彭德怀说：“你就收下他吧！”

得知毛岸英要上前线的消息，毛泽东身边的工作人员都不同意。因为他们清楚毛泽东已为中国革命失去了 5 位亲人，更何况这次参战要面对的是武装到牙齿的美国军队。当他们出来劝阻时，毛岸英的态度非常坚决，仍然坚持自己主张。同样，毛泽东也表示坚决支持：“谁叫他是毛泽东的儿子！他不去谁还去！”

10 月 19 日晚，志愿军司令部俄语翻译兼机要秘书毛岸英随中国人民志愿军司令部入朝。23 日，抵达司令部驻地平安北道昌城郡大榆洞。这里原来是朝鲜的 4 大金矿之一，朝鲜战争爆发后才停产，地理位置比较隐蔽。

抵达大榆洞后，毛岸英接受的第一个任务，就是参与审讯志愿军入朝作战中第一个美军战俘、美军顾问团韩国第 6 师顾问莱尔斯少校。彭德怀看了审讯记录，认为莱尔斯供词中的有些内容对志愿军作战有参考价值，便由毛岸英执笔，很快写成《志司通报》，通过电台下发各军。

10月28日晚上，毛岸英根据志愿军司令部政治部主任杜平关于“写份电报再动员一次”的指示，在昏暗的蜡烛光下写到第二天拂晓才写完这封电报。到这时，他已经30多个小时没有睡觉了。

毛岸英在志愿军司令部这个新的工作岗位上，一丝不苟，刻苦钻研，很快就熟悉了司令部机关业务。除了彭德怀等少数几位领导了解他的身世外，其他人只知道他是一个活泼、朴实、能干的普通年轻人。

抗美援朝第二次战役开始前后，美军侦察机侦察到大榆洞的电波信号持续不断，于11月25日派飞机前往轰炸。上午11时，4架轰炸机突然飞临志愿军司令部上空，投下了几十枚凝固汽油弹，顿时烈焰腾空。仍在作战室的毛岸英和机要参谋高瑞欣不幸壮烈牺牲。

时隔38天才得到儿子毛岸英牺牲消息的毛泽东，强忍丧子之痛，缓缓地说：打仗总是要死人的。中国人民志愿军已经献出了那么多指战员的生命，他们的牺牲是光荣的。岸英是一个普通战士，不要因为是我的儿子，就当成一件大事。

毛岸英的牺牲，是毛泽东一家为了中国人民的革命事业献出的第6位亲人。

（作者：熊华源，中央党史和文献研究院研究员，本文发表于《学习时报》2022年10月21日。本书收录时有改动）

五、为人楷模　胸怀天下

谢觉哉著述中的毛泽东

谢觉哉是著名的“延安五老”之一，大家尊称他为“谢老”。他是毛泽东的老朋友，他俩从1920年相识，到20世纪70年代先后去世，相处时间超过半个世纪，可谓“知根知底”。谢觉哉有写日记的习惯，数十年如一日，笔耕不辍。毛泽东的一些鲜为人知的往事，在谢觉哉的日记和著作中多有记载。有不少内容或是谢觉哉亲眼所见，或是毛泽东的同学亲口所述，真实度极高，谢觉哉的这些记录尤为珍贵，让人读之慨然，回味良久。

才华横溢

毛泽东极有才能，不管是分析国情，还是列举典故，都能信手拈来。在谢觉哉看来，毛泽东的才能既是实践锻炼出来的，也是读书读出来的。

1920年，何叔衡担任湖南通俗教育馆馆长，他把他的朋友毛泽东、谢觉哉聘来编教育馆的附属报纸湖南《通俗报》。就这样，谢觉哉在教育馆第一次见到毛泽东，他们成了同事。他们之间有分工，毛泽东负责采风、写作，谢觉哉负责整理印刷。

初次见面后，谢觉哉很久没见毛泽东到编辑部来，只是陆续收到他从不同的县寄来的信件。原来，毛泽东去做“游学客”了，在当时也被戏称为“斯文叫花子”。路过某县，盘缠不足就向当地劝学所或有钱人求助一点钱，然后继续“穷游”。毛泽东后来对他说：“原本打算游遍湖南七十五县，但只游历了湘中各县，就为工作所不许可了。”

实践出真知，当谢觉哉读到毛泽东寄回来的文章时，总会啧啧赞叹：“哎呀！毛润之这篇文章写得真好！”谢觉哉曾评价道：“他游历时写的报道，是《通俗报》上最实际而又出色的文章。”正因如此，谢觉哉总是把毛泽东的文章编排在报纸的头版。

除了实践，毛泽东的阅读量也十分惊人。有一次，谢觉哉去编辑部的宿舍探望毛泽东，宿舍正在搬家，但毛不在，搬运工正在搬东西。他这才发现毛泽东的书籍很多，一个超大的网兜装得满满的。

1944 年 7 月初，谢觉哉去毛泽东处谈工作。他在日记中说：“日前至毛主席处，见其衣袋有线装书，问之为《阅微草堂笔记》，他说其文字可玩味。毛的工作可谓忙矣，但他总有工夫寻绎旧籍，和人谈天。合乎古人说的‘好整以暇’。”谢觉哉感叹：全党有谁敢说自己比毛泽东还要忙？以忙为借口不想学习的人，要看看毛泽东是怎么做的。

不拘一格

毛泽东为人慷慨豁达，不拘小节，颇有古之贤者之风。而且他的这种不拘一格，不是刻意为之，而是天性使然。他从不哗众取宠，更不会故意标新立异以吸引眼球。

赵恒惕在湖南掌权时，杀了工人领袖黄爱、庞人铨，激起民愤。他压不下去，只好想办法缓和一下。谢觉哉回忆：

> 一天，找一些群众领袖去谈话，毛也去了。谈了一阵，不大对劲。毛故做不认识赵的样子说："你先生的话不对头，我们要直接见省长！"旁边人说："这就是省长。"于是又谈下去。这一来，使得赵恒惕的脸上，不免红一块白一块。
>
> 事后，赵恒惕对人说：幸而只有一个毛泽东，不然，湖南早就给他们翻转了。

通过这件事情，我们可以看到青年毛泽东独特的一面。

当年有不少人赴法勤工俭学，寻求救国真理。毛泽东也有出国的机会，可他自己主动放弃了。谢觉哉曾问过青年毛泽东这个问题，毛泽东回答："我现在要知道的是中国而不是外国。"

到了延安时期，毛泽东仍是一个不拘小节的人。1944 年，战争形势逐渐明朗，边区经济状况也有所好转。4 月底，枣园的花开了。毛泽东邀请老同志们一起赏花，谢觉哉也在其中。在 4 月 28 日的日记中，谢觉哉非常愉快地写下了："在毛主席处吃饭。"1945 年 12 月 23 日，谢觉哉在日记中写道："下午四时至王家坪参加毛主席生日宴，毛主席满五十二岁。"1946 年劳动节，谢觉哉又开心地在日记中写道："同参议会几位老人至毛主席处午餐。”这说明什么问题呢？说明毛泽东并不死板，在经济困难的时候，他肯定会和大家同甘共苦，在经济好转的时候也会吃得稍好一些。这才是真实的毛泽东，一个收放自如，与民同甘苦共欢乐，具有平民气质的伟大领袖。

胆识过人

1920年3月，一位住在长沙的朝鲜人收到家中寄来的100块大洋。居住在长沙的日本流氓知道了这件事，便一路追逐图他的钱财，这个朝鲜人慌不择路，逃到长沙本地的青年会躲起来。出人意料的是，有中国人站出来见义勇为。管他什么日本流氓，我偏要管一管！这个人是谁呢？在同年3月19日的日记中，谢觉哉揭晓了答案，他写道：“夜，润之迎某韩人居于第一师范。”青年毛泽东的血性跃然纸上，谁敢说在那个羸弱的中国“竟无一人是男儿”？

毛泽东的号召力和组织能力在青年时代已展露，这份勇气远非常人所及。

1947年，国民党军进攻延安，毛泽东被迫率领中央机关撤出延安，在大山里与敌军周旋。8月28日，谢觉哉和王明找毛泽东聊天，夜谈颇久。毛泽东说了什么呢？在当天的日记中，谢觉哉记录了原话：

> 怕，一是由不了解情况而来，敌和我同是用脚走，这在山地是确定了的；步枪二千米外无效，也是确定了的。我隔敌不止二千米，且在二十里外，怕甚么？自然，也不可冒险。

敌人的大军在区区20里之外，毛泽东竟如此淡定！王明“骇然”于毛泽东的勇敢，替他捏了一把汗。谢觉哉了解毛泽东年轻时的事迹，深知他的勇敢是一以贯之的，觉得不用大惊小怪。

待人以诚

对于朋友，青年毛泽东能做到开诚布公，评价对方能切中要害。在认识毛泽东以前，谢觉哉曾听何叔衡说：“毛润之是个了不起的人物。”“润之说我‘不能谋而能断’，这话道着了。”毛泽东看人很准，能够准确道出朋友的优缺点。毛泽东对何叔衡评价并不低，后来对谢觉哉说：“何胡子是感情一堆。”谢觉哉极为赞同，并替他解释：“不是一堆骨和肉，而是一堆感情；热烈的感情四射着，触着就要被他感动。叔衡同志确是如此。他的感情是统制在高度的正义感下面的。”

20多年后，谢觉哉回忆初见毛泽东的场景时说：“我在《通俗报》馆的一个会议上，第一次认识了毛泽东同志。会后他到我房子里座谈，我不知道那回他对我感想怎样，后来我觉得他是想了解我，态度谦虚，不离不即，人自乐于相告，所谓‘夫子温良恭俭让以得之’也。”谢觉哉说：“虽然他对我的感想，不得而知，但我知道他确有物色同志的意思，因为他这时候久已从事于社会运动。”何叔衡曾多次赞扬毛泽东，谢觉哉还以为这是个牛气冲天的人呢，没想到他这么真诚友善。

长征途中，毛泽东力所能及地帮助谢觉哉。每当谢觉哉忆起这段往事，他眼中总是噙着泪水：

> 长征时，在毛儿盖，没有吃的，毛主席叫人把马杀了，分送给同志们。我在休养连，也分到一份。后来主席发现他身边的人分得多一些，我少一些，来信道歉，说是特务员分的，他不知道。见面时又几次提及，他认为生活艰苦，大家都应一样多。

延安时期，遇到自己不懂的问题，毛泽东也会向谢觉哉请教，姿态放得很低。据革命家方仲如回忆："有一次，为甘肃一件事情，毛泽东亲拟了一个电稿，送给谢老征求意见。当时我不理解，为什么毛主席写的电稿还要征求谢老的意见？后来才知道，因为谢老办事严谨细致，擅长文字，曾经给毛主席做过秘书，又当过党中央驻兰州办事处代表，熟悉甘肃的情况，所以征求谢老的意见就更能客观地符合实际地解决问题，免出差错。"

作风优良

大革命时匆匆一别，直到1933年谢觉哉来到中央苏区，这才又重见毛泽东。当谢觉哉来到毛泽东的住地，毛泽东迎上前来，紧紧握住谢觉哉的手说："谢胡子，你可来了，一路上辛苦了，身体好吗?"谢觉哉连忙回答："还好，还好!"接着，毛泽东介绍他给贺子珍认识，他与贺子珍聊得也很愉快。

很快，吃饭时间到了，那时苏区的生活还是很艰苦的，毛泽东和战士们吃的东西一样，一天一角钱的伙食。谢觉哉清晰地记得：为了招待他，毛泽东让警卫员到老乡那里买了三个鸡蛋，算是加了一个菜。毛泽东不让警卫员去伙房要油，而是照旧打来了饭和辣椒炒酸菜。

同年，毛泽东在长冈乡、才溪乡开展调查，提出了“没有调查没有发言权”以及“妇女要顶半边天”等著名论断，当时毛泽东把秘书谢觉哉也带去了。谢觉哉后来说：“毛泽东同志调查兴国长冈乡、上杭才溪乡，我是看见的。找来乡长支书三两个农民，每个乡都差不多谈了个把星期。他亲自照顾他们的食宿，生怕他们不能熬夜，一句句很谦虚地问。”这位党的高级干部，将自己视为学生，将农民视为先生，这让谢觉哉击节赞叹。多年后，谢觉哉坦率地说：“像毛主席长冈乡和才溪乡的调查材料现在还找不到第二个。”

解放战争初期，胡宗南军围攻延安，毛泽东带领大家撤出延安。在行进途中，谢觉哉见证了领袖与人民的鱼水情。据他回忆：“1947 年，河北山西搞土改，有一些翻身农民入伍组织了几百人过河去保卫毛泽东，他们看到了毛主席，毛主席讲了一次话，有些人当时说：‘这不是毛主席吧！毛主席怎么穿得这么坏？’毛主席经常在桌上写字，棉衣的袖子搞掉一块。有的人讲：‘我们凑几个钱给他做一身衣服好不好？’”这是谢觉哉亲眼所见，亲耳所闻，主席与人民同甘苦，人民与主席心连心！有这么好的人民，这么好的主席，何愁反动派不垮台？

从始至终，谢觉哉都未曾用夸张的语言称颂过毛泽东。因为他深知，毛泽东是一位谦虚谨慎的人，而且极富批判精神和批判思维。那么谢觉哉是如何评价毛泽东的呢？在谢觉哉日记中，他对毛泽东的评价可以归纳为三句话：一、“真有天性的人才能够对国家尽大忠，对民族尽大孝”；二、“毛主席、朱总司令诸将领皆当世之英雄”；三、“先生品质难为喻，万古云霄一羽毛”

（革命老人续范亭评价毛泽东语，谢觉哉深表赞同）。

（作者：吴尹浩，北方民族大学讲师，本文选自《百年潮》2017 年第 6 期。本书收录时有删节）

毛主席视察南泥湾

1943 年 10 月，我们部队驻在南泥湾地区，负责保卫党中央毛主席，保卫陕甘宁边区，同时开展大生产运动。当时，我任三五九旅政治部锄奸科长，负责保卫工作。

10 月的一天上午，王恩茂副政委和李信主任叫我去开会，会上王副政委满脸笑容地告诉我们说：“告诉你们一个好消息，明天，毛主席和其他领导同志要来咱们金盆湾视察。今天开个紧急会议，研究一下如何保卫毛主席的安全和做好接待工作。”我们听了非常高兴，立即研究了几条保卫措施。我当时是负责内勤保卫和对地方特嫌的监视工作，而我们驻地距敌占区不到一百里远，所以感到责任非常重大。

第二天，天气晴朗，上午十点钟左右，毛主席同陕甘宁边区政府主席林伯渠，彭德怀副总司令，边区政府副主席、开明人士李鼎铭等，在我们旅长王震同志陪同下，乘坐着一辆大卡车来到金盆湾。我们部队距离延安五十多公里，路上又不太好走，车子要走两个多小时才能到我们旅部。毛主席坐在驾驶室里，彭德怀副总司令、林老、李老、彭总夫人等十几个人都坐在没有篷布的大卡车上，汽车一停，毛主席就从驾驶室下来，当时我们见毛主席魁梧的上身穿着一件薄薄的灰色的棉衣，下身穿着一条补了补丁的灰旧棉裤，脚上穿着一双旧布鞋，头上戴着旧帽，非常朴素却精力充沛。毛主席先下车后，就急忙扶林老和李老从大车上下来，并很亲切地问他们累不累，身体受不受得了等等。他们一齐下了车，到我们旅司令部的路上还要过一条小沟，毛主席怕林老、李老跌倒，又匆忙搀扶他们过沟。我们见了很受感动。毛主席是我们的伟大领袖，他的年龄也不小了，却没有一点领袖的架子，还处处关心别人，照顾老人，这种尊老敬贤的举动，给我们留下了深刻的印象，迄今难忘。

毛主席一行十几人，步行到我们旅司令部门口，有些人进屋休息去了，毛主席和彭总没有进屋休息，就坐在门口的石板上，听取我们旅王副政委的汇报。王副政委简单地汇报了我们旅的生产和整风的情况。王副政委同毛主席谈话时，毛主席见我站在他跟前不远，就向我招手，要我向他靠拢，我走到他跟前，恭恭敬敬地向他敬了一个礼，他伸出手把我的手拉住，叫我坐下。我以前没有同领袖在一块儿坐过，心情很激动，但又拘束不敢坐。这时王副政委向主席介绍说："他是我们旅政的锄奸科长。"主席知道我是做保卫工作的，便拉我靠他坐下，用慈祥的目光打量了我一番，然后他问我多大了？什么时候参加的红军？是哪里人等等。我都一一作了回答。听说我是茶陵人，便引起了他很大的兴趣，他说："好呀！茶陵是老革命根据地啊，我多次到过茶陵，我们在茶陵打过不少仗，还打开过茶陵城……"他一下子说出了许多茶陵过去的事情和不少地名，有些事和小地名，连我这个茶陵人也不知道，可见主席不但具有深入实际、密切联系群众的好作风，而且还有惊人的记忆力。毛主席和我亲切攀谈后，王副政委担心毛主席在门口石板上坐的时间太长，会凉了身体，就请他和彭总进屋休息。

当时，我们旅政治部主任的爱人柳辉明同志，廖明副主任的爱人齐淑清同志和我的爱人杨志敏同志，一听说毛主席来了，都想趁此机会看看毛主席，我就让她们在门口看了看。主席刚在躺椅上休息，见门口来人了，就坐起来向她们挥手笑了笑。我怕影响主席休息，就叫她们离去。辉明同志年龄大些，又懂事，听我一说，便拉她们走，但是齐淑清还是恋恋不舍，走了几步又回头看看毛主席。她们看到了毛主席后高兴极了，说："像我们这样的妇女，在旧社会里连个县太爷也见不上，今天能见到伟大的领袖毛主席，这真是我们一生的幸福，一辈子也忘不了。"

下午，毛主席视察了金盆湾，看到了我们自己动手挖的一排排新窑洞，种在川里的稻子、苞米、蔬菜，满山生长的金黄色的小米等。地里庄稼长势喜人，丰收在望，有的已经丰收到家。主席看了异常高兴，他带着笑容说："蒋介石妄图饿死、困死我们，我们不但没有饿死、困死，反而做到了自己动手，丰衣足食。你们除做到了自给外，还有大量的余粮交公，军队交公粮，这是自古没有的。"大家听了心里美滋滋的，也更加清楚了开展大生产运动的意义。毛主席等中央首长当天便返回了延安。

毛主席到我们南泥湾的这一天，给了我们部队极大的鼓舞。毛主席同我们谈的话至今还记在我心中。

（作者：袁福生，新中国成立后任武汉军区炮兵政治委员，工程兵特种工程指挥部后勤部政治委员。1961 年晋升为少将军衔。1993 年逝世。本文由钟仁林整理，选自《星火燎原全集》。本书收录时有改动）

“三大纪律八项注意”

秋收起义以后，毛泽东同志带领我们向井冈山进军。那时候，因为战斗连遭失利，又没有根据地立足，部队不得不冒着暑热、拖着伤员病号连续行军，士气十分低落，那真是最困难的时期。整个革命形势处在低潮，需要我们这支弱小的、被失败情绪严重侵袭的部队继续把革命火炬点燃下去，那要经过一番多么艰苦的工作啊！

就在这时期，毛泽东同志除了将部队进行改编、建立党的组织，强调党对军队的绝对领导外，并且提出了一项重要的政治任务，那就是要部队担负武装宣传队的任务。向群众宣传我们是代表工农大众利益、反对帝国主义、反抗统治阶级的革命军队，是一支与旧式军队截然不同的工农革命军队。如果不让老百姓了解我军特点，使他们感到我军与旧军队有截然不同的区别，我们便无法接近群众、发动群众；没有群众我们也就无法存在。当时我们的旗号，虽然已经改为工农革命军，打的是五角星加镰刀斧头的红旗，但部队的服装样式与旧军队没有什么明显的区别。旧军队留给老百姓最深刻的印象，是抓夫、派差，拿东西不给钱，动不动打人、骂人。老百姓见到“丘八”就要“跑反”。我们虽是工农革命的军队，但由于部队成员大部分是从旧军队来的，旧的习气还未清除，新的纪律还未建立，因此，侵犯群众利益的事情时有发生，不利军民团结。

毛泽东同志根据群众的反映，每天都和部队讲话，沿途也写大字标语，要求大家说话和气，买卖公平，不拉夫，请来夫子要给钱，不打人，不骂人。经他经常谆谆告诫，情况有些好转。可是环境困难，战士们肚子饿了，拿老百姓一个红薯、一个鸡蛋的事还很多。向地主土豪筹款，大家乱拿一阵，有的还拿到贫农和小商人的头上。特别是有一部分人非常散漫，不听指挥，乱说乱动，侵犯群众利益。那时党员的理论水平不高，也无法说服和制止这种行为。这些日子行军，毛泽东同志常常走在队伍中间，一边和战士们聊天，了解情况，一边给他们讲些必须依靠群众的道理。

部队沿湘赣边向南行动（记不得是什么日期了），路经大汾，遭到敌人的伏击，担任前卫的三营被隔断，继续南去。一营和团直属部队集合起来，决定上井冈山。当晚，就在金竹山下山沟里的一个小村子宿营。

第二天早晨，部队在村边大路旁集合。天气很好，衬着朝霞，层叠的山峰，密密的树林、竹林，显得分外壮丽清秀。我们知道这里就是井冈山的边沿，今天就要进山了。当时心里说不出有种什么味道：一方面，由于我们原来人数就不多，加上三营被隔断，显得人数更少了，有些孤独之感；另一方面，上井冈山，能有个地方休息休息，感到高兴。这时候，毛委员走到部队前面，站在路边石坎上开始讲话。乱哄哄的三四百人，顿时肃静下来。毛委员首先给我们介绍了身边一个穿便衣的人，他是王佐派来的代表，欢迎我们上山。

接着，毛委员简略地介绍了井冈山的情况，又说：“今天，我们就要上井冈山，要在那里建立根据地。大家一定要和山上的群众搞好关系，要和王佐的部队搞好关系，做好群众工作。没有群众的支持，根据地是建立不起来的。”于是，他正式宣布了三项纪律：第一，行动听指挥；第二，不拿工人农民一点东西；第三，打土豪要归公。为什么要规定三项纪律，他又进行了解释。这一宣布，给我的印象是极为深刻的，到现在还铭刻在我的脑子里。因为就在前几天，我们班有人曾经在行军休息的时候，到老百姓地里拾过一个露在地面的红薯。经毛委员这一宣布和解释，我才明确地认识到这是违反纪律的行为。

一九二八年初，我们从茶陵撤回井冈山，不到一个月的光景，部队又进到遂川城过旧历年。这期间，毛委员又宣布了城市政策。在这以前，我们曾犯过一些错误，把商人、小贩的货物也没收了，甚至连药铺里称药的戥秤也拿来了。毛泽东同志发觉这些情况后，立刻作了纠正。他指出：我们反对封建剥削，只能没收地主的财产，而要保护工商业利益，如地主兼商人，就只能没收封建剥削的部分；商业部分，连一个红枣也不能动。如果有些特别坏的土豪、恶霸，必须没收他的商店的话，就一定要出布告，宣布他的罪状。没收地主的财产也要出布告，宣布他的封建剥削罪状。没收来的财物、粮食，尽量召集群众大会，散发给群众，以提高群众的阶级觉悟，使他们敢于组织起来同封建势力、剥削阶级作坚决的斗争。除了订出了这项城市政策外，毛泽东同志每到一地，还不断地找群众谈话，进行调查研究，了解群众的反映，然后将这些反映归纳起来，对部队进行教育。

没过几天，毛委员又在遂川城里把部队集合起来，宣布了六项注意：一、上门板；二、捆铺草；三、说话要和气；四、买卖要公平；五、借东西要还；六、损坏东西要赔。他特别解释说："损坏老百姓的东西，一定要赔偿。虽说'打破旧缸赔新缸，新缸不如旧缸光'，但是赔总比不赔好。"他提出的要求合情合理，简明扼要，大家很容易接受，并且也容易做好。当我们把毛委员的指示贯彻到行动中去以后，某些群众的不满情绪也就随之消失了。过去部队一到，群众便逃之夭夭；经过我们广泛宣传和实际行动证实以后，群众再看到我们，不仅不跑，还主动帮助我们调查土豪、地主、坏分子，配合我们开展工作。从此完全改变了我军同群众的关系。

一九二九年春，红四军离开井冈山，向赣南闽西进军，开辟革命根据地。在万分艰苦的战斗生活里，毛泽东同志亲手制定的"三大纪律六项注意"，大家一直严格地遵守着。后来部队经过赣粤边三南地区（龙南、定南、虔南）。这些地方比较闭塞，封建统治势力很强。我们来到这里，没有调查了解，还是按照过去的习惯，到野外大便，随便在沟里、村边洗澡，结果引起群众的严重不满。

毛泽东同志在群众中了解到这些反映后，立刻把"六项注意"改为"八项注意"。添上的两项是：洗澡避女人和大便找厕所，以后又改为："院子打扫干净""挖卫生茅（厕所）"。因为群众对我们最有意见的主要是这两个问题，当我们一纠正过来，群众便立刻和我们接近了。

自一九二九年以后，战斗更加频繁了，胜利一个接着一个，一个大于一个，俘虏大量增加。这时毛泽东同志便将"八项注意"，增添为"十项注意"，即增加了"宽待俘虏"（包括释放俘虏、不搜俘虏腰包、不虐待俘虏）和"进出要做宣传工作"

两项。最后，又将大便找厕所等两项删掉，变为“八项注意”。从此，项目便固定下来，只是在新情况下，不断地在内容上进行修改，例如将“打土豪要归公”，最后改为“一切缴获要归公”；“不拿工人农民一点东西”，最后改为“不拿群众一针一线”，即不拿群众像针那样小，像线那样细小的东西，等等。

三十年来，“三大纪律八项注意”一直是我军政治工作的重要内容，对人民军队的建设、正确处理军内关系、团结人民群众、争取敌军诸方面，起到了伟大的作用。“三大纪律八项注意”制定的过程，也体现出毛泽东同志领导工作的方法：适应某个时期、某个地区、某个工作任务、斗争形势、群众的习惯和要求，而提出非常明确、通俗易懂、看来很平常但政治意义却很重大的几条，作为人民军队行动的指针，因而可以很快地为广大官兵所领会、所掌握，并贯彻执行。这样，比讲长篇大道理起作用快得多，好得多。这些领导工作的方法，是很值得我们来认真学习的。

（作者：陈士榘，新中国成立后任工程兵司令员兼特种工程指挥部司令员、政治委员，中共中央军委顾问。1955 年被授予上将军衔。1995 年逝世。本文选自《星火燎原全集》）

毛泽东的世界眼光

毛泽东是一个具有世界眼光的战略家，是中国共产党和新中国对外方针的主要奠基者。他一生始终关注着世界风云的变幻和人类进步事业的发展，并且及时根据国际战略格局的变化调整中国的对外政策和策略。毛泽东在中国国际战略和中国外交方面的建树，体现了一个革命领袖的远见卓识和务实精神，成为毛泽东思想的重要组成部分，并且对当代中国的历史发展产生了巨大而又深远的影响。

建立国际抗日统一战线

在新民主主义革命时期，以毛泽东为代表的中国共产党人就十分注重对于国际形势和国际问题的观察与分析，逐步在国际战略方面形成了一些重要的观点，并在此基础上确定了一系列对外方针和政策，为实现党的中心任务做出了重要的贡献。

早在新民学会期间，毛泽东就把“改造中国”与“改造世界”联系在一起加以思考。在他的影响下，新民学会在 1921 年新年大会上，正式确定学会宗旨是“改造中国与世界”。在此基础上，他极力主张“与全世界解放的民族携手”。

中国共产党创建之后，在列宁关于帝国主义和民族殖民地问题的理论影响下，毛泽东认为，第一次世界大战后，世界格局存在着“革命和反革命两大势力”的斗争。“这两大势力竖起了两面大旗：一面是红色的革命的大旗，第三国际高举着，号召全世界一切被压迫阶级集合于其旗帜之下；一面是白色的反革命的大旗，国际联盟高举着，号召全世界一切反革命分子集合于其旗帜之下”。根据毛泽东的分析，在这种局面下，被压迫的阶级和民族除了站在革命阵营一边之外，没有其他的道路可以选择，走中间道路是行不通的。“那些中间阶级，必定很快地分化，或者向左跑入革命派，或者向右跑入反革命派，没有他们‘独立’的余地”。

毛泽东在《中国社会各阶级分析》一文中提出的上述论点，为他后来提出建立国际统一战线的思想奠定了理论基础，成为毛泽东从总体上把握国际局势的逻辑起点。

在土地革命战争时期，毛泽东根据对帝国主义列强在中国的不同利益和矛盾的分析，指出中国的红色政权发生和存在的重要原因之一，是由于中国是“帝国主义间接统治的经济落后的半殖民地”。帝国主义所支持的不同派别的“新旧军阀”所进行的持续不断的争夺与战争，“使一小块或若干小块的共产党领导的红色区域，能够在四围白色政权包围的中间发生和坚持下来”，这个结论不仅对开辟一条独创性的农村包围城市的革命道路有重大的意义，而且对建立国际统一战线也有重要的影响，因为它涉及了国际统一战线的一个核心问题，即帝国主义列强之间的矛盾问题，中国共产党人如何最大限度地利用帝国主义列强在华利益的冲突的问题。

1935 年 12 月，在民族危机空前严重的形势下，中国共产党根据毛泽东提出的建立国际统一战线的思想调整了对外战略。中共中央政治局瓦窑堡会议通过的政治决议明确指出："日本帝国主义单独吞并中国的行动，使帝国主义内部的矛盾，达到空前紧张的程度。"因此，我们对待日本帝国主义以外的其他帝国主义的策略，是使他们"暂处于不积极反对反日战线的地位"；对于那些同情帮助中国抗日，或守善意中立的民族或国家，应"建立亲密的友谊关系"。

应当指出的是，中国共产党此时提出调整对外战略固然有共产国际关于建立国际反法西斯统一战线这样一个大的背景的影响，但更值得注意的是，中共要建立国际统一战线有其自身所依据的思想基础，这主要见诸于毛泽东对帝国主义在华矛盾的独特分析。

1935 年 12 月 27 日，毛泽东在党的活动分子会议上，作了著名的《论反对日本帝国主义的策略》的报告，第一次明确指出，差不多一百年以来，"中国还保存了一种半独立的地位"，不仅是"由于中国人民对帝国主义的斗争"，而且还由于"帝国主义国家相互间的斗争"。而"现在是日本帝国主义要把整个中国从几个帝国主义国家都有份的半殖民地状态改变为日本独占的殖民地状态"，这就必然加剧日本与其他列强之间的矛盾，从而有可能建立一个包括英美在内的国际抗日统一战线。不仅如此，英美与日本的矛盾还有可能使中国那些亲英美的政治集团，在英美政策的影响下走向抗日，"美国以至英国的走狗们是有可能遵照其主人的叱声的轻重，同日本帝国主义者及其走狗暗斗以至明争的”。因此，中共可以利用英美来争取和影响国民党中亲英美的派别实行抗日的政策，并抑制其反共、内战的政策。

毛泽东的上述分析，不仅成为后来中国共产党争取英美加入国际抗日统一战线的重要依据，而且为在抗日的前提下与国民党实现第二次合作创立了理论依据。

1936 年 7 月，毛泽东通过与美国记者斯诺的谈话，第一次向国际社会阐明了中共关于建立国际抗日统一战线的主张。毛泽东强调指出：“日本帝国主义不仅是中国的敌人，同时也是要求和平的世界各国人民的敌人，特别是和太平洋有利害关系的各国即美、英、法、苏等国的人民的敌人。日本的大陆政策和海洋政策不仅指向中国，而且也指向这些国家。这样，日本的侵略就不仅是中国的问题，而且是应由太平洋地区所有国家来对付的问题。中国苏维埃和中国人民因此要同各国、各国人民、各党派和各群众组织团结起来，组成反对日本帝国主义的统一战线。”

正是在这样的基础上，毛泽东于 1937 年 5 月 3 日，在中国共产党全国代表会议上，提出了“中国的抗日民族统一战线和世界的和平阵线相结合”的战略思想。他指出：“中国不但应当和中国人民的始终一贯的良友苏联相联合，而且应当按照可能，和那些在现时愿意保持和平而反对新的侵略战争的帝国主义国家建立共同反对日本帝国主义的关系。我们的统一战线应当以抗日为目的，不是同时反对一切帝国主义。”

后来的事实证明，毛泽东的预测是有远见的。虽然英美曾在中国抗战初期一度实行“不干涉”中日战争的消极政策，而且在 1941 年还一度企图以牺牲中国的利益为代价同日本妥协。对此，毛泽东曾指示要予以揭穿和反对。但日本的胃口是英美满足不了的。1941 年 12 月 7 日，日本偷袭美国海军基地珍珠港，英美对日宣战。太平洋战争的爆发终于使中、美、英在抗日的基础上走到了一起。1944 年 7 月，美国政府派美国军事观察组访问延安，受到中共方面的极大重视，中共中央称这是我们“外交的工作开始”。

提出中间地带的战略观点

客观地判断国际形势是科学地制定国际战略的基础。第二次世界大战后，战争与和平的问题成为国际社会所面临的突出问题。当时有不少人对国际形势的发展持悲观的态度，认为“美苏必战”、“第三次世界大战必然爆发”等等。在这种形势下，毛泽东保持清醒的头脑，从分析战后世界主要矛盾入手，经过缜密的思考和探索，于 1946 年 4 月写下了《关于目前国际形势的几点估计》这一重要文稿，力排众议，指出：“世界反动力量确在准备第三次世界大战，战争危险是存在着的。但是，世界人民的民主力量超过世界反动力量，并且正在向前发展，必须和必能克服战争危险。因此，美、英、法同苏联的关系，不是或者妥协或者破裂的问题，而是或者较早妥协或者较迟妥协的问题。所谓妥协，是指经过和平协商达成协议。所谓较早较迟，是指在几年或者十几年之内，或者更长时间。”在这里，毛泽东通过对国际形势的冷静观察，正确地得出了，战争危险虽然存在，但世界和平力量将压倒战争力量的结论，而且还大胆预测出，对峙的双方主要代表美苏迟早会达成某种妥协，从而避免战争的爆发。毛泽东认为：“美、英、法同苏联之间的这种妥协，只能是全世界一切民主力量向美、英、法反动力量作了坚决的和有效的斗争的结果。”这说明，和平不会从天而降，只有经过世界人民的不懈斗争才能争取和维护世界和平。

在此之后，毛泽东又在1946年8月6日同美国记者安娜·路易斯·斯特朗的谈话中，提出了著名的“中间地带”的观点。他针对当时美国散布的反苏战争的流言，一针见血地指出：“这种宣传，是美国反动派用以掩盖当前美国帝国主义所直接面对着的许多实际矛盾，所放的烟幕。”“美国和苏联中间隔着极其辽阔的地带，这里有欧、亚、非三洲的许多资本主义国家和殖民地、半殖民地国家。美国反动派在没有压服这些国家之前，是谈不到进攻苏联的。”针对这样一种国际战略态势，毛泽东认为要抓住主要矛盾，“美国人民和一切受到美国侵略威胁的国家的人民，应当团结起来，反对美国反动派及其在各国的走狗的进攻”。而且“只有这个斗争胜利了，第三次世界大战才可以避免”。

毛泽东的上述论点，不仅表明了他对战后世界发展大趋势的深刻认识和敏锐的判断力，而且令人信服地提出了，经过斗争，世界大战可以推迟，甚至于可以避免的重要观点。这对于即将在炮火硝烟中诞生的新中国正确地确定自己的外交方向，具有相当重要的意义。而且，依据“中间地带”的观点来制定中国共产党的对外政策，必然得出这样的结论：为了对付当时对中国国家安全和世界和平威胁最大的美帝国主义，不仅要依靠和联合以苏联为首的社会主义国家，而且还要积极争取和联合处于中间地带的殖民地、半殖民地国家，甚至于对包括英、法等在内的资本主义国家也应采取区别对待的方针，以最大限度地达到利用矛盾，以反对主要之敌的目的。这就为新中国奉行独立自主的和平外交政策开辟了道路。

创建独立自主的新型外交

建国前夕，全面地提出和制定新中国的外交方针和政策，已成为一个亟待解决的大问题。为了从根本上与旧中国半殖民地的屈辱外交划清界线，毛泽东在中共七届二中全会上提出："我们可以采取和应当采取有步骤地彻底地摧毁帝国主义在中国的控制权的方针"，使中国人民在帝国主义面前真正站起来。为此，他于 1949 年春提出了"另起炉灶"、"打扫干净屋子再请客"和"一边倒"的三大外交决策。

"另起炉灶"的含义是"不受过去任何屈辱外交传统束缚"，不承认国民党政府承认的外国在华外交机关和人员的合法地位，而要在互相尊重主权和平等互利的基础上同世界各国建立新的外交关系。根据这一原则，中共中央于 1949 年 4 月 26 日致电已经占领南京的邓小平、刘伯承等同志：对于在南京的各国大使馆、公使馆，我人民解放军军管会及市政府仍本我中国人民革命军事委员会和他们并无外交关系的理由，不要和他们发生任何正式的外交来往，也不要在文字上和口头上做任何承认他们为大使或公使的表示。1949 年 10 月 1 日，毛泽东代表中华人民共和国中央人民政府向全世界郑重宣告："本政府为代表中华人民共和国全国人民的唯一合法政府。凡愿意遵守平等、互利及互相尊重领土主权等原则的任何外国政府，本政府均愿意与之建立外交关系。"随后周恩来以中国外交部长的名义将这一公告送达各国政府。表明了中国政府不承认过去国民党反动政府同各国建立的外交关系具有继承性，也不承认国民党反动政府驻外机构和驻外人员的合法地位的严肃立场；同时向世界各国宣布了新中国愿意在坚持原则的基础上同一切国家建立和发展外交关系的良好愿望。

“打扫干净屋子再请客”的基本含义是，要在彻底清除帝国主义在中国的控制权及其影响之后，再让外国客人进来。1949年2月初，毛泽东在同米高扬谈话时曾说：“我们这个国家，如果形象地把它比作一个家庭来讲，它的屋内太脏了……解放后，我们必须认真清理我们的屋子……等屋内打扫清洁、干净，有了秩序，陈设好了，再请客人进来。我们的真正的朋友可以早点进屋子来，也可以帮助我们做点清理工作，但别的客人得等一等，暂时还不能让他们进门。”这是毛泽东依据中国的历史和现状所作出的另一个重大外交决策。帝国主义在中国一百多年来所形成的势力和影响，不可能自动退出历史舞台和自行消失。这些问题如果不能给予正确的处理，新中国的独立和主权必然受到影响。因此，毛泽东指出：“对于这些，我们必须分别先后缓急，给以正当的解决。不承认国民党时代的任何外交机关和外交人员的合法地位，不承认国民党时代的一切卖国条约的继续存在，取消一切帝国主义在中国开办的宣传机关，立即统制对外贸易，改革海关制度，这些都是我们进入大城市的时候所必须首先采取的步骤。在做了这些以后，中国人民就在帝国主义面前站立起来了。剩下的帝国主义的经济事业和文化事业，可以让它们暂时存在，由我们加以监督和管制，以待我们在全国胜利以后再去解决。对于普通外侨，则保护其合法的利益，不加侵犯。”这是新中国对待帝国主义在中国的特权的总的立场，表明了中国人民维护国家主权和独立的坚强决心。

除此之外，毛泽东在1949年6月30日，发表了著名的《论人民民主专政》一文，提出了“一边倒”的战略方针。宣布中华人民共和国将坚定不移地站在以苏联为首的社会主义阵营一边。这是毛泽东根据当时特定的历史环境，以及中国共产党人所面临的紧迫任务——巩固和建设新生的中国，而作出的又一项重大决策。“一边倒”是从当时全球格局出发的一种战略思考。毛泽东认为，新中国宣布站在以苏联为首的社会主义阵营之内，能“使我们在保障人民革命胜利成果和反对内外敌人复辟阴谋的斗争中不致处于孤立地位”，并且“使资本主义各国不能不就我范围，有利于迫使各国无条件承认中国，废除旧约，重订新约，使各资本主义国家不敢妄动”。

毛泽东作出的三大外交战略决策，从根本上回答了新中国外交所面临的基本问题，即怎样独立自主地建立起新的对外关系，怎样有步骤地清除帝国主义国家的影响以及如何处理同他们的关系；因而对于中华人民共和国创建新型的对外关系具有特殊重要的意义。它体现了新中国外交的根本立场和出发点，这就是：独立自主，维护国家主权和领土完整，维护民族尊严，要求在平等互利的基础上，与各国建立和发展外交关系，这些基本政策和方针的确立，指导着新中国独立自主和平外交的全面展开。

确立和平共处五项原则是长期的战略方针

和平共处五项原则的基本内容是毛泽东和周恩来等中国共产党人根据列宁关于不同社会制度国家可以和平共处的思想，结合战后国际形势发展的新情况、新经验，而提出的一个适用于处理同一切国家关系（包括处理相同社会制度国家间关系）

的崭新的国际行为准则，同时也是新中国外交的一项长期的战略方针。

新中国成立前后，毛泽东在阐述新生的人民政权的对外政策时，曾多次提出过类似于和平共处五项原则的某些说法。1949年4月30日，毛泽东在为中国人民解放军总部发言人起草的一份声明中指出："中国人民革命军事委员会和人民政府愿意考虑同各国建立外交关系，这种关系必须建立在平等、互利、互相尊重主权和领土完整的基础上，首先是不能帮助国民党反动派。"1949年6月15日，毛泽东又在中国人民政治协商会议筹备会上指出："任何外国政府，只要它愿意断绝对于中国反动派的关系，不再勾结或援助中国反动派，并向人民的中国采取真正的而不是虚伪的友好态度，我们就愿意同它在平等、互利和互相尊重领土主权的原则的基础之上，谈判建立外交关系的问题。中国人民愿意同世界各国人民实行友好合作，恢复和发展国际间的通商事业，以利发展生产和繁荣经济。"

毛泽东在这些场合多次提及的平等、互利和互相尊重主权和领土完整，后来成为和平共处五项原则中的重要内容。尤其是互相尊重主权和领土完整，被列为和平共处五项原则中的第一条，成为不同国家之间和平共处的前提和基础，其重要意义不言自明。

周恩来进一步发挥了这些思想。1953年12月31日，他在中印两国就西藏地方问题进行谈判的时候，对印度代表团指出："新中国成立后就确立了处理中印两国关系的原则，那就是互相尊重领土主权，互不侵犯，互不干涉内政，平等互惠和和平共处的原则。"对此，印度方面表示赞同。因此，这五项原则正式写入双方达成的《关于中国西藏地方和印度之间的通商和交通协定》的序言中。随后，在1954年中印、中缅联合声明中，中印、中缅共同倡导了和平共处五项原则，并将五项原则中的平等互惠改为平等互利。后来，周恩来又在1955年亚非会议上的发言中，将互相尊重领土主权，改为互相尊重主权和领土完整。至此，和平共处五项原则最后定型，并且有了科学、完整的表述：互相尊重主权和领土完整，互不侵犯，互不干涉内政，平等互利，和平共处。

和平共处五项原则提出后，得到许多国家的赞成和响应，但也有一些国家还持怀疑观望态度，认为这是中国的权宜之计。为此，毛泽东及时提出："五项原则是一个长期的方针"的战略观点。1954年12月11日，毛泽东在会见缅甸总理吴努时指出："五项原则是一个大的发展，还要根据五项原则做些工作。我们应该采取些步骤使五项原则具体实现，不要使五项原则成为抽象的原则，讲讲就算了。现在在世界上就有两种态度，一种是讲讲就算了，另一种是要具体实现。英美也说要和平共处，但是它们是讲讲就算了的，真正要和平共处，它们就不干了。我们不是那样。我们认为，五项原则是一个长期的方针。不是为了临时应付的。这五项原则是适合我国的情况的，我国需要长期的和平环境。五项原则也是适合你们国家的情况的，适合亚洲、非洲绝大多数国家的情况的。对我们来说，稳定比较好，不仅是国际上要稳定，而且国内也要稳定。"

毛泽东的这些论述清楚地表明了，中国政府愿意同不同类型国家和平共处的基本立场，同时也有利于解除一些国家政府同中国打交道时的疑虑，保证中国同各主权国家政府在和平共处五项原则的基础上发展正常的外交关系。

关于“第二中间地带”的战略思考

新中国成立后，美国国务卿杜勒斯提出了所谓“遏制”政策，企图画一条线把社会主义国家“箍起来”，其余的国家都划为他们的势力范围。但西方世界并不是铁板一块，随着西欧、日本等国逐渐恢复了元气，西方阵营内部之间关系也发生了复杂的变化。因此，毛泽东在 1956 年曾经指出世界上存在着“两类矛盾”、“三种力量”。进入 60 年代，随着世界各种政治力量的进一步分化和改组，毛泽东对“中间地带”的观察与分析也日渐深入。

1962 年 1 月 3 日，毛泽东在与日本客人安井郁的谈话中指出：“中间地带国家的性质也各不相同：有些国家有殖民地，如英、法、比、荷等国；有些国家被剥夺了殖民地，但仍有强大的垄断资本，如西德、日本；有些国家取得了真正的独立，如几内亚、阿联、马里、加纳；还有一些取得了名义上的独立，实际上仍是附属国。”在这里，毛泽东把“中间地带”具体划分为四种类型的国家：1. 有殖民地的国家；2. 虽被剥夺了殖民地但仍有强大垄断资本的国家；3. 真正取得独立的国家；4. 名义上独立，但实际上仍是附属国的国家。

从 1963 年起，毛泽东又进一步把这四类国家概括成“两个中间地带”。其中一个是指亚、非、拉，另一个是指欧洲，后来，他又进一步明确指出，第二个“中间地带”是指欧洲、加拿大、澳洲、新西兰和日本。

毛泽东提出“两个中间地带”的观点有助于人们认清不断

分化和改组的国际战略格局。1964 年 7 月 10 日，毛泽东在会见佐佐木更三等日本社会党人士的谈话中指出："整个亚洲、非洲、拉丁美洲的人民都反对美帝国主义。欧洲、北美、大洋洲也有许多人反对帝国主义。有的帝国主义者也反对美帝国主义，戴高乐反对美国就是证明。我们现在提出这么一个看法，就是有两个中间地带：亚洲、非洲、拉丁美洲是第一个中间地带；欧洲、北美加拿大、大洋洲是第二个中间地带。日本也属于第二个中间地带。日本的垄断资本是不满意美国的。现在已经有一部分人公开反对美国；另一部分依靠美国，但我看，随着时间的延长，日本这一部分中的许多人也会把骑在头上的美国人赶走。"

毛泽东提出的"两个中间地带"的观点，为中国进一步加强同亚、非、拉等"第一中间地带"国家的团结与合作，尤其是改善和发展处在"第二中间地带"地位的西方资本主义国家的关系，奠定了理论基础和政策基础。

"一条线"的构想与三个世界的战略

到了 60 年代末、70 年代初，斗转星移，世界上各种力量经过"大动荡、大分化、大改组"逐渐形成了新的战略格局。美国由于陷入越战泥潭，实力受损，在与苏联争霸的斗争中开始处于守势，不得不进行战略收缩，并考虑改善对华关系。而苏联则在国际事务中越来越奉行霸权主义的政策，并表现出咄咄逼人的气势，对中国也构成了很大的威胁。此外，由于日本、西欧、中国的国际地位日益上升，世界开始呈现出多极化的苗头。

毛泽东敏锐地注意到这种国际关系的巨大变革，于是开始重新审视中美关系，并且利用美国的急切需要，推动中美关系走向缓和。为了实现这一目标，毛泽东于1971年，导演了乒乓外交，终于打开了中美关系的大门。1972年尼克松访华，中美两国正式发表第一个举世瞩目的联合公报——《上海公报》。这是中美双方共同努力取得的巨大成果。公报的意义不仅仅限于中美两国间的关系，中美双方都不只是为了解决双边问题才签署这个公报的。公报的另一层意义在于，中美之间由此产生的一种默契，那就是联手对付苏联。从此，在国际战略的新格局中，中国和美国都获得了新的活动余地。这对于中美两国的国家利益来说是十分重要的。

1973年2月17日，毛泽东在中南海会见了美国总统特使基辛格，发表了重要的见解。他在提到中美相互接近时说："我们也需要嘛。你们的总统坐在这里讲的（手指基辛格的座位），我们两家出于需要，所以就这样，（把两只手握在一起）HAND—IN—HAND（手携手）。"基辛格说："我们双方都面临同样的危险，我们可能有时不得不运用不同的方法，但目标相同。"毛泽东说："这就好。只要目标相同，我们也不损害你们，你们也不损害我们，共同对付一个王八蛋。"用如此坦率的语言来阐明两国关系的实质，既反映了毛泽东特有的风格，也表明苏联因素在中美关系中所起到的举足轻重的作用。接着，毛泽东对基辛格讲了他深思熟虑的一个想法。他指出："我跟一个外国朋友谈过，我说要搞一条线，就是纬度，美国、日本、中国、巴基斯坦、伊朗、土耳其、欧洲。"这实际上是提出了一个联美抗苏的宏大构想。

毛泽东主要从遏制苏联全球扩张的角度出发，提出了包括美国在内的"一条线"的国际统一战线新战略，中美还商定了互设联络处的有关事宜，从而使中国对美国的态度在中美《上海公报》的基础上大大向前推进了一步。随着中国和美国关系的逐步改善和加强，一个新的世界地理政治图的轮廓开始形成了。

在上述背景下，毛泽东在1974年2月22日会见赞比亚总统卡翁达时，首次全面提出了划分三个世界的观点。毛泽东说："我看美国、苏联是第一世界。中间派，日本、欧洲、加拿大，是第二世界。咱们是第三世界。"毛泽东把苏联和美国并列称之为第一世界不仅仅是由于这两家"原子弹多，也比较富"，更重要的是由于这两个超级大国都企图称霸世界。他们在世界各地争夺霸权的斗争构成了对世界和平的严重威胁。不过，在毛泽东划分三个世界的战略中，反对美苏争霸并不是平均使用力量。从当时的情况来看，美国由于过去伸手过长，实力相对削弱，处于守势，而苏联则处于进取的地位，对中国和世界人民来说，苏联的扩张更为危险。所以，中国在反对美苏争霸的过程中，当时的重点是反对苏联的霸权主义。毛泽东一贯重视在对敌斗争中争取中间势力。因此，他在划分三个世界时，把处于美苏超级大国和发展中国家之间的资本主义发达国家称之为第二世界，并把他们看作是反霸斗争中可以争取和团结的力量。毛泽东在70年代初就明确提出，要争取他们，如英国、法国、西德等。第三世界这个概念并不是毛泽东首创，但在以往的第三世界的定义中，第三世界往往仅被看作是美国和苏联之间的一种消极和被动的力量，而毛泽东则赋予第三世界以全新的积极的意义。在毛泽东看来，占世界人口绝大多数的第三世界虽然较穷，经济不够发达，但并不是一种可以任人宰割的力量，而是"推动世界历史车轮前进的革命动力"，是反对超级大国霸权主义斗争中的主力军。

由此可以看出，毛泽东划分三个世界的标准不再是根据每个或每类国家的阶级属性，而是根据每个或每类国家在国际社会中处在什么样的经济地位，以及在国际事务中实行什么样政策而确立的。在毛泽东看来，当时的苏联霸权主义已经取代美国构成对中国国家安全和世界和平最大的威胁，因此，应当抓住这个主要矛盾。毛泽东划分三个世界的战略在当时不仅对维护中国国家安全，保卫世界和平具有重要意义，而且对发展中国对外关系产生了积极的效果。首先，为了集中力量对付苏联霸权主义，美国就成为一支可以利用乃至联合的力量。这对中美关系的改善具有重要的意义。其次，中国对第二世界的积极评价，扩大了中国同西方国家的联系，增进了相互了解，为后来中国实行对外开放政策奠定了重要基础。最后，毛泽东发展和充实了第三世界的内涵，由此确定了中国外交的立足点，同时也提高了中国在第三世界中的威信。

当然，由于历史的局限，特别是当时中国还处在“文化大革命”那样的氛围之下，毛泽东指导下的中国国际战略的调整，不可能完全摆脱“左”的干扰和影响，毛泽东划分三个世界的论点和论据也有某些缺陷和某些不切合实际的地方。例如，毛泽东当时对于爆发战争危险的估计存在较大的偏差，对于苏联社会性质的认定和苏联对中国威胁的程度估计过于严重，并对此作出了一些过度的反应。但这些局部的不足之处并不会从总体上影响中国国际战略调整的深远意义。不管怎样，在 70 年代那样一个特殊的历史条件下，这种战略调整扭转了中国两面受敌的不利局面，并使中国获得了远超出自己实力的国际地位，在国际政治格局中形成了影响全局的美苏中大三角关系，使中国外交迎来了一个前所未有的大发展时期，这就为中国以一支独树一帜的重要力量全面参与国际事务开辟了道路。

值得指出的是，冷战结束后，国际局势又发生了重大变化，两极格局已经打破，世界朝着多极化的方向曲折发展。在新的形势下，学习和研究毛泽东的国际战略思想，掌握其分析错综复杂的国际关系的立场、观点和方法，领会其团结一切可以团结的力量、结成最广泛的国际统一战线的战略和策略思想，对于指导当代中国的外交工作，进一步发展同第三世界国家和其他类型国家的友好合作，维护世界和平，促进共同发展，促进人类的进步事业，仍然具有重要的现实意义。

（作者：宫力，中央党校国际战略研究所原所长，本文选自《百年潮》2003 年第 12 期）

斯诺心目中的毛泽东

美国著名记者、作家埃德加·斯诺是中国人民的好朋友，为促进中美两国人民之间的相互理解和友好关系奔走呼号了一生。1937 年，在保安的窑洞里，斯诺与毛泽东一见如故，相识、相知，结下了终生不渝的伟大友谊。中国革命胜利后，斯诺又三次访问新中国。斯诺既是毛泽东的挚友，又是诤友。国际上赞誉斯诺是“最了解中国和毛泽东的美国人”。

窑洞里的预言家

斯诺在初访陕北苏区见到毛泽东前，曾把中国社会的进步，国家统一富强的希望寄托在国民党蒋介石身上。在经历了“九一八”、“一·二八”事变、“一二·九”运动后，斯诺看到国民党蒋介石对日本侵略者妥协投降，对中国人民实行法西斯独裁统治，迫害爱国进步人士，镇压抗日救亡学生的反动面目。他认为：蒋介石“既不是大政治家，也不是杰出的将领”，而是一个

“只关心保持自己的权力，而不是挽救中国”的军阀。

具有独立思考精神的斯诺，对多年来国民党报刊上连篇累牍地宣传中国共产党领导的红军是“杀人放火”的“赤匪”的恐怖故事有许多疑问，谁能相信只对抢劫和杀人有兴趣的“赤匪”，竟然得到老百姓的拥护，能够对抗蒋介石的强大军队的“围剿”达10年之久呢？国民党政府下令通缉的“头号赤匪”毛泽东究竟是什么样的人物？

为了弄清真相，在宋庆龄和中共华北局的帮助下，斯诺于1936年7月上旬秘密进入陕北苏区，在保安见到了毛泽东。

在保安，斯诺看到领导穷苦农民和红军士兵打土豪、分田地，没收万千金银财宝的毛泽东的生活和普通士兵没有多大差别。同士兵穿一样的粗布军装，衣领上缀着同士兵一样的红布领章，没有任何官阶标志。毛泽东的伙食同士兵一样是粗粮馒头蘸辣椒，菜里偶然有几片肉，也是为了招待斯诺一起进餐。毛泽东的这一切，同国民党高官显贵们的豪华生活有天壤之别。斯诺认为，红军这种官兵平等，同甘共苦的生活，所激发的精神力量，大概是蒋介石的强大军队无法消灭毛泽东率领的弱小红军的一个重要缘由。

在谈到中国如何反对日本侵略时，毛泽东对当时中国的政治、军事、经济、地理、人口、文化，敌我双方的情况及国际形势等各个方面作了精辟的分析。他用大量事实，旁征博引，论述了打败日本侵略者的各种因素和必备条件，特别强调了建立国内和国际的抗日统一战线。

毛泽东预言：日本不仅妄图霸占中国，还想占领西方国家在亚洲和太平洋地区的殖民地，独占西南太平洋，甚至进攻美国。在反对日本侵略的战争过程中，中国人民将遭受长期的痛苦和巨大牺牲，但中国在持久抗战中的力量将逐渐增长，日本在战争的长期消耗中，会最终崩溃。中国必将取得最后的胜利。

当时，在斯诺眼里，毛泽东的种种预言，“既有马克思主义的辩证法——他的一切观点的依据，也有主观臆想的成分”。他联想到美国思想家爱默生曾说过的：“每个人在出生之前，都是一个未知数。”“在我们看到成功之前，一切都是不可能的。”

在以后的十几年里，斯诺目睹了毛泽东等中国共产党人，领导中国人民打败了日本侵略者，推翻了国民党蒋介石的反动统治。建立了新中国之后，他在《复始之旅》一书里回忆起当年在保安同毛泽东的谈话，称毛泽东是“窑洞里的预言家”。他写道：“如果说我初次见到他时觉得他古怪，他那绝对的自信却给我留下深刻的印象。他具有那种马克·吐温称之为‘握有4张王牌的基督徒的那种镇静和自信’。他的王牌是亚洲的马克思主义、他对中国历史的渊博知识、他对中国人民的无限信任和他将泥腿子培养为将军的实际经验。他那循序渐进的论证使我相信了它是‘可能的现实’。”

他的生平是整整一代人的横断面

在保安时，斯诺多次提出为毛泽东作传。然而，毛泽东在同斯诺谈话时，总是谈共产党，谈苏维埃运动，谈红军的成长，谈5次反“围剿”，谈那些普通红军战士的英雄故事，把长征的胜利完全归功于党的正确领导，并提到朱德、周恩来、张闻天、王稼祥、彭德怀、林彪、贺龙、刘伯承等许多革命战友的通力合作。毛泽东不断赞扬他的同志和战友，而绝口不谈自己。他始终认为，在革命中个人是无关紧要的。

斯诺竭力说服毛泽东："人们读了你的文章、言论和声明，就想知道你是怎样的一个人。在一定程度上，这比其他问题上所提供的情况更重要。"他还告诉毛泽东："外边有许多关于你死亡的各种传说，有的人说你是个无知的农民，有人说你是个狂热分子，还有人说你是一个患肺结核垂死的人，甚至有一个叫彼得·弗莱明的人，写了一本名为《孤家寡人》的书，向全世界散布上述种种谣言，你也应该辟谣。"

毛泽东不大相信有必要谈论个人的经历，他对斯诺所说的外界有许多人把时间花在对他个人的种种猜测上感到意外。斯诺锲而不舍，不厌其烦地劝说，最后毛泽东接受了斯诺的要求。

从毛泽东富于戏剧性的经历中，斯诺觉得在毛泽东身上有一种天赋的力量，一种强大的自然活力。斯诺认为，毛泽东生平的历史是中国整整一代人的一个丰富的横断面，是了解中国国内动向原委的一个指南。这不仅是毛泽东个人的历史，也是一种适合中国国情的共产主义为什么能赢得成千上万中国青年男女的拥护和支持的记录，是一个关心人类集体命运的盛衰的客观史料记载。

斯诺记录毛泽东生平自述的英文稿，于1937年全面抗战开始后，作为《毛泽东自传》在上海出版的英文杂志《Asia》上分期连载。其素材被称为"中国革命史上的一个重要文献"。

斯诺在根据这段经历整理的《外国记者西北印象记》一书中写道：

> 不要以为毛泽东是中国的救世主，这是瞎话。永远不会有任何的一个中国的救世主。但是不可否认的，你在他身上能感觉到一种确定命运的力量。它不是某种过激和润滑的东西，而是一种坚强的基本活力。在这个人身上，有一个特

点，滋长到不可测摸的程度，那就是他综合地体现千百万中国人特别是农民的迫切要求。这些农民是贫穷困苦的，营养不足，被人剥削，目不识丁，可是他们却温柔和善，宽宏大量，勇猛惊人，而且现在是很有反抗精神的人类。他们在中国人民中占大多数。假如这些要求和推动他们前进的运动是振兴中国的动力的话，那么，在这种深刻庄重的意义下，毛泽东确实有成为中国伟人的可能。

在这篇文章中配发了斯诺为站在保安窑洞前头戴红星军帽的毛泽东拍摄的那张后来广为流传的著名照片。斯诺写的照片说明文字称毛泽东：无论在职业生涯还是人格方面，都以其宽阔的胸怀，办事认真，具有民主精神，对穷人和被蹂躏者富于同情，因而同亚伯拉罕·林肯多少相像。毛泽东自奉甚简，衣食住皆与士兵相同。

公认的领袖，人民中的平常人

1937 年，日本侵略者发动七七事变，国民党军队节节败退。1938 年夏天，武汉失守前三个月，斯诺作为英国《每日先驱报》战地记者，由香港乘飞机来到国民党政府迁移的所在地武汉。首先采访了作为中国抗战领袖的蒋介石。

采访蒋介石，没能使斯诺对中国的抗战前途得到满意的回答。斯诺又先后访问在武汉的周恩来、博古、叶剑英、叶挺、项英等中共和八路军、新四军的领导人。周恩来把毛泽东在 1938 年五六月间在延安所作的《论持久战》的讲演文本送给斯诺。斯诺连夜捧读。毛泽东对中日战争所处的时代和敌我双方基本情况的精辟分析，对当时国内的“亡国论”、“速胜论”和轻视游击战争等错误思想的有力批驳，对抗日战争的全部发展过程的科学预见，使斯诺犹如拨开乌云见晴天，看到了中国人民抗日战争的光明前景。

1939 年 9 月下旬，斯诺赴延安与毛泽东重聚。3 年前，毛泽东在保安窑洞里向斯诺讲过的一些重要的政治预言，诸如，中国的内战停止了，抗日民族统一战线在磕磕绊绊中建立了起来，共产党和红军不仅存在，并正在抗战中发展壮大都正在变成现实。

此时斯诺眼中的毛泽东已是公认的领袖，但他绝不是一个独裁者，他的一切决定，都是经过集体讨论和判断的结果。在延安时期，没有人把毛泽东当成神，他是一个杰出的革命领袖，但依然是一个普普通通的人。斯诺写道：

> 他仍是人民中的平常人，有农民和知识分子素质的奇异掺杂，也有伟大政治目光和普通常识的混合。他的革命乐观主义始终不动摇；他永远自信共产党最后必在中国胜利，他还是彻夜工作到天明。

在延安会见毛泽东时，斯诺把一本《西行漫记》赠给毛泽东。毛泽东在为斯诺举行的欢迎晚会上举起这本书说：“这是一本真实地报道我们的情况，介绍我们党的政策的书。斯诺先生是在没有别人愿意来的时候到我们这里来，了解我们的情况，并通过提供事实帮助了我们。”毛泽东赞誉斯诺“是头一个为统一战线所必需的，建立友好关系工作铺路的人”。

1939 年 9 月对延安的这次访问，让斯诺从中国共产党和毛泽东领导下的抗日军民身上看到中国人民热情澎湃的高昂斗志和踏踏实实、艰苦奋斗、自力更生、奋发图强的精神面貌。“增强了我对未来的希望和信心。这是中国仅有的地方，只有在这里，人们才能感受到健全与合理的制度，感到中国人民必将获得最后的胜利”。

毛泽东做了许多伟大的事情

1960 年，斯诺第一次访问新中国，中国革命胜利，人民得到解放后，十多年来各方面取得的巨大进步，给他留下深刻的印象。这年 10 月 1 日，斯诺应邀到天安门城楼上出席新中国成立 11 周年庆祝大会，观看了阅兵式和群众大游行的盛况。斯诺认为：经过几十年艰苦卓绝的革命战争，而形成如今这巨大洪流般的队伍，毛主席是队伍中第一号英雄人物。

1960 年 10 月 22 日，斯诺来到毛泽东在中南海丰泽园的家里。此时的“毛泽东同中共的其他高级干部一样，穿一套质料一般的银灰色的中山装，脚上穿的是一双需要擦油的棕色皮鞋。据说，这双皮鞋，是他从新中国开国大典那天穿起，至今 10 多年了，却不肯换一双新的”。

斯诺盛赞中国的变化时，毛泽东把手一挥说：“中国有变化，但是还没有基本变化。中国的变化在革命方面是基本变化了。至于建设方面，现在才刚刚开始。……只能说有所改变，但还没有基本改变。”

斯诺听毛泽东这样说，觉得他今天同在保安、延安时期一样坦率而真诚。

毛泽东招待斯诺的是湖南式烹饪的家常便饭。但是毛泽东不吃肉菜，专拣青菜和红辣椒吃。斯诺并不知道，此时正值中国三年困难时期，毛泽东同其他中共领导人已经不吃肉了。斯诺问毛泽东还是这么爱吃辣椒，只听得毛泽东心情沉重地说：“人民还不能吃饱。”

饭后，他们继续交谈。谈到分别20多年来国际上所发生的事情，也谈到中国的现实与外界的看法，以及对未来的展望。

当时，西方世界有意歪曲毛泽东的“枪杆子里面出政权”的理论，把毛泽东宣传成“好战分子”、伪君子。

和毛泽东深入交谈后，斯诺认为：毛泽东的立场既非中立，亦非被动，更绝未有赞成侵略外国的纪录。毛泽东认为革命战争主要是抵抗侵略的行动。当人民受到武装的压迫者征服时，他们自然会以暴力反抗。斯诺深知，由于毛泽东生活于饱受外来侵略与不停的内战蹂躏的中国，况且他本人更是反革命暴力的受害者，曾经牺牲了妻子、儿子、兄弟等6位亲人，生活的经历也使他合理地认为所有的革命行动都是“和平的冲锋号”。斯诺还认为：多少年以来，西方在亚洲所占的优势并没有带来和平，而只是侵略。毛泽东为中国总结了这个历史教训，说“枪杆子里面出政权”这种通俗的说法，不应曲解。事实证明，直到中国人学会有效地运用现代化武器之后，西方才开始尊敬他，“害怕”他。所以，中国不可能首先放下枪杆子。毛泽东真正看到，革命给中国带来内部和平。

在新中国考察访问后，斯诺用大量事实驳斥了西方国家对毛泽东的种种诬蔑不实的宣传。他写道：

> 毛泽东在群众中的形象，绝对不是一个刽子手。他不但是一个党的领袖，而且更是一个公认的名副其实的导师、政治家、军事家、哲学家、桂冠诗人、民族英雄，全民族的领

导以及历史上最大的人民救星。在“百花齐放”时期，显示了毛是有敌人的，但他是唯一敢将报刊及论坛公开给民众反映意见的共产党领袖。

1964 年 10 月，斯诺第二次访问新中国。在斯诺结束访问即将离开中国前，1965 年 1 月 9 日傍晚，毛泽东宴请斯诺，乔冠华及其夫人龚澎作陪。饭后，毛泽东同斯诺进行了 4 个小时的长谈，按当时毛泽东的话说，这次“天南海北”“海阔天空”无所不谈。整个交谈十分轻松愉快。交谈开始时，来了一位摄影记者，拍了一个电视短片，这是毛泽东应斯诺的请求而拍摄的，这次毛泽东与斯诺会见和 1960 年那次不一样，那次未发消息，这次不仅发了消息，还在《人民日报》上登载了毛泽东同斯诺会见的大幅照片。把斯诺称为“《西行漫记》的美国作者”。按照斯诺的话说：“这显然加重了这件事的分量，使它绝不仅是重叙旧谊。在我看来，毛泽东很可能想通过这种方式，把中国对战争与和平的看法，特别是对越南问题的看法通知美国。”

这次交谈结束，斯诺告辞，毛泽东送他到门口，尽管斯诺一再辞谢，毛泽东仍在门口目送斯诺上了车。在零度以下的北京冬夜，没穿大衣，毛泽东站在那里，向斯诺挥手告别。可见毛泽东对斯诺的情谊之深，非同一般。斯诺把这次在中国的访问，写成《漫长的革命》一书出版。

一个伟大的战略家

斯诺 1964 年 10 月再次访问中国后的第二年，毛泽东于 1966 年发动了“文化大革命”，神州大地上开始了一场持续十年的内乱。1970 年的访问是斯诺最后一次访华。此次来访前，他刚做过手术，身体仍很虚弱，但陷入“文革”内乱的中国使他寝食难安，放心不下。就这样，斯诺拖着疾病缠身、疲惫不堪的身体，在中国东奔西走访问了近半年的时间。

斯诺回到北京后，应邀出席新中国成立 21 周年庆祝大会，斯诺俯视天安门广场，看到青年们高举着一幅幅毛泽东画像和一块块毛泽东语录牌，高抬着毛泽东的巨大塑像的游行队伍通过天安门前时，人们争相拥向金水桥畔，翘首仰望天安门上的毛泽东。人群爆发出“毛主席万岁！万万岁！”“祝毛主席万寿无疆！”的口号声，直冲云霄……

站在毛泽东身旁的斯诺见此情景，他禁不住指着游行队伍问毛泽东：“你觉得这些怎么样？你的印象如何？”

毛泽东皱着眉，摇了摇头。接着又说，“很好。”但也承认“不满意目前的状况”。这是指什么意思，斯诺想接着问，但涌过来的游行队伍高呼“毛主席万岁”的口号声、欢呼声把他们的交谈打断了。

毛泽东于 1970 年 12 月 18 日清晨，将斯诺请到中南海游泳池旁的住处，同他进行了长达 5 个小时的交谈。

谈话中，斯诺提到在 1965 年 1 月同毛泽东的谈话的报道中，他写了毛泽东承认中国确实有“个人崇拜”，而且有理由要有一点儿“个人崇拜”。斯诺对毛泽东说：“因为我写了这一点，有些人曾批评过我。”他坦率地提出了这个问题。

毛泽东告诉斯诺：我们并不期望每一个人在每一个问题上都同意我们所讲的。你有权保留自己的看法，最好是保持自己的独立判断。

毛泽东还说：就是你写了在中国有“个人崇拜”又怎么样

呢？有这样一回事嘛。为什么就不能写呢？它是事实嘛。

听了毛泽东这番话，斯诺说："我常常想，不知道那些喊拥护毛的口号最响，挥动旗子最起劲的人，是不是就像有些人所说的，在打着红旗反红旗？"

毛泽东点点头说："这些人分三种：一种是真心实意的；第二种是随大流的——因为别人喊'万岁'，他们也就跟着喊；第三种人是伪君子。你没有受这一套的骗是对的。"

毛泽东还自问自答地说："但是，难道美国人就没有自己的个人崇拜吗？你们的国都就是以开国总统华盛顿命名的嘛。"

斯诺补充说："在美国每个州里都还有以华盛顿命名的市镇。"

毛泽东接过话说："你们美国各州的州长、各届总统和内阁各个成员，没有一些人去崇拜他，他怎么能干下去呢？总是有人希望受人崇拜，也总有人愿意崇拜别人。"

毛泽东转而问斯诺，"如果没有人读你的书和文章，你会高兴吗？总要有点个人崇拜嘛"！

毛泽东要斯诺放心，称时间会冷却"个人崇拜"。他说："我不喜欢这一切。我们准备结束它。"

谈到这里，斯诺想起，两个月前在天安门城楼上，毛泽东曾说他对目前的状况"不满意"，他请毛泽东解释一下是什么意思。

毛泽东说："'文化大革命'中有两个东西我很不赞成。一个是讲假话，口里说要文斗不要武斗，实际上下面又踢人家一脚，还不肯承认；一个是捉了俘虏虐待。一个人不讲真话，建立不起信任。谁信任你啊？朋友之间也是这样。比如：我们35年前第一次见面到现在，总没有变嘛，总是以朋友相待。我对你不讲假话，我看你对我也不讲假话。"

此次谈话中，毛泽东在谈到中美关系时说，中美两国之间的关系要跟尼克松总统解决。如果尼克松想来北京，他要斯诺给尼克松捎个口信，叫他悄悄地，不要公开，坐上一架飞机就可以来了。作为一个旅行者来也行，作为总统来也行。谈得成也行，谈不成也行；吵架也行，不吵架也行；我相信不会同尼克松吵架。

毛泽东还向斯诺透露，尼克松的使者可能即将前来。

听了这一席话，斯诺为毛泽东以一个伟大战略家的眼光，博大的胸怀，高瞻远瞩，审时度势，作出要打开中美关系的决策而深受感动和鼓舞。斯诺曾说，“我从来没有想过毛泽东会对美国构成严重威胁”，并认为，“毛泽东和其他中国领袖对美国都存有一个直接而消极的印象”的原因，完全是由于美国当局采取敌视新中国的错误政策造成的。

1971 年 7 月，斯诺写给路易·艾黎的信中说：“全世界现在看到毛主席是个伟人。他当然是。但我的任务是，使人们看到他不是妖魔而是人。这样做很有必要，因为那些常常是文字拙劣的宣传中，他的作为使人觉得是有威胁性的。”

1976 年，毛泽东逝世，《时代》周刊发表了斯诺这位与毛泽东相识 40 年，成为他唯一知己的异国朋友从哲学的高度对他的一段评价：

> 毛泽东能同时运用时间、空间、策略、正确和错误这些相互矛盾的概念；他能用行动表达出合乎现实情况的判断，似乎这才是唯一的真理，因为他始终知道对立面是一个必需的组成部分。

（作者：武际良，中国国际友人研究会常务理事，本文选自《百年潮》2013 年第 12 期）

编　后　记

本书编写过程中，得到中央党史和文献研究院的大力支持，得到著名党史专家逄先知、金冲及先生的热情鼓励；得到人民出版社和人民日报出版社的大力支持。在此表示衷心感谢。

编　者

2023 年 9 月 9 日